Direccion de Campañas Electorales

Andrés Valdez Zepeda
Delia A. Huerta Fraco

Índice de Contenidos

Presentación

Presentación

La gerencia política, como una nueva disciplina de las ciencias administrativas, se introdujo en los países de América desde la década de los ochentas y se ha incorporado en su faceta instrumental no sólo a los procesos electorales, sino también a las acciones de gobierno.

Como disciplina, la gerencia política se encarga del estudio de los procesos de consultoría política, dirección de campañas electorales, formulación estratégica, conocimiento profundo de los electores, la gestión de los procesos de comunicación política y la construcción de imagen pública. Como campo pragmático, la gerencia política se ocupa de la formulación, ejecución y evaluación de las acciones, planes y programas que permiten que una organización política logre sus objetivos.

El profesional de la gerencia política tienen un campo laboral cada día más amplio e importante.[1] Tan sólo en México, cada tres años y/o seis años se renuevan 500 diputaciones federales, 128 senadurías, 32 gubernaturas y 32 congresos estatales, la elección presidencial y 2,426 municipios que son disputados, al menos, por siete partidos políticos con registro nacional. En total se realizan más de 3 mil campañas político-electorales y si se considera toda la serie de organizaciones sociales y políticas que tienen comicios para elegir a sus dirigentes estamos hablando de más 100 mil campañas anuales.

En términos de gastos presupuéstales, tan sólo en la elección federal del año 2000, se gastaron 13,599 millones de pesos, de los cuales 3,943 millones de pesos correspondieron al gasto en campañas de los partidos políticos con registro oficial. En el año 2009, tan sólo las elecciones federales consumieron un presupuesto de 12 mil 100 millones de pesos de origen público, más las aportaciones privadas. Estas campañas crecientemente han ido incorporando la gerencia política en todas las etapas de campaña desde el diagnóstico del mercado electoral hasta en estudios y acciones postelectorales, que involucra a miles de políticos, consultores y ciudadanos.[2] Todo esto habla de la importancia de la

---

[1] Los profesionales de la gerencia de campañas electorales son personas competentes para *gestionar en la complejidad los diferentes asuntos políticos, con capacidad para la movilización el potencial humano de las organizaciones políticas, con habilidades para la negociación, capaces para actuar como agente de cambio,* competentes para el trabajo en equipo y con múltiples competencias *técnico-políticas.*

[2] La consultoría política, constituye el medio más común, como los profesionistas de la mercadotecnia ejercen su profesión. Estos servicios de consultoría en mercadotecnia, como cualquier otro conocimiento, trasciende las fronteras nacionales, ya que es un producto de la globalización y del

gerencia política no sólo desde la perspectiva presupuestal, sino también laboral.

La gerencia política no sólo puede ser considerada como parte del arte práctico de la política, sino que es también un campo del conocimiento y la investigación muy basto y poco explorado. La investigación en gerencia política se constituye en una actividad que tiene múltiples facetas y aristas. Ejemplos de investigación en gerencia política lo constituyen, por señalar algunas, las actividades que realiza el partido o candidato para elaborar su plataforma programática; el consultor a fin de diagnosticar el mercado electoral y definir las estrategias a seguir; el comunicólogo que estudia el proceso de comunicación política y sugiere el diseño y la emisión de diversos mensajes; el politólogo que analiza los fenómenos políticos asociados a las campaña y procesos electorales; el docente que investiga a fin de ejercer correctamente su magisterio; así como, el investigador quien indaga, pregunta, asocia y contrasta para generar nuevos conocimientos.

Es decir, en gerencia política existen, *grosso modo*, dos vertientes de investigación. Una tiene que ver con la investigación del mercado, con el diagnóstico de los problemas, sentimientos, aspiraciones y necesidades de los electores para diseñar el mensaje propagandístico y la serie de estrategias electorales. La otra se refiere a la investigación científica sobre el proceso de intercambio político, así como el desarrollo y situación actual de la disciplina. La primer área de investigación tiene un objetivo pragmático como parte de las estrategias de los partidos y candidatos en la búsqueda del voto electoral[3] y la segunda tiene un objetivo más relacionado con el análisis científico y la reflexión epistemológica.[4]

En este libro, el lector encontrará los aspectos centrales del proceso de gerenciamiento de una campaña electoral partiendo desde la planeación estratégica, la dirección y liderazgo en las acciones proselitistas, la

desarrollo de las telecomunicaciones.

[3] Por investigación en gerencia política, desde la perspectiva pragmática, se debe entender el conjunto de actividades tendientes al diagnóstico del mercado electoral, de la competencia partidista y del contexto en el que se desarrollan las elecciones. El objeto de este tipo de acciones de investigación es el diseño de la comunicación política, el análisis de coyuntura y del mercado electoral.

[4] Por investigación de gerencia política, desde la perspectiva académica, se entiende el conjunto de actividades y esfuerzos para conocer y explicar los fenómenos relacionados con el proceso de intercambio político, así como las acciones encaminadas a explicar, sobre una base científica, los hechos más trascendentales relacionados con las campañas, los procesos de comunicación política, la opinión pública, la imagen, la percepción e identidad de los candidatos, así como, el desarrollo de la mercadotecnia como nueva disciplina del conocimiento.

organización, la evaluación y el control que debe existir en toda campaña electoral. De igual forma, en el texto se incluye un capítulo sobre logística electoral, otro sobre los errores más frecuentes en el gerenciamiento de una campaña, otro sobre la gestión del conocimiento en una campaña, uno más sobre inteligencia competitiva y otro más sobre las campañas electorales competitivas y las inteligencias múltiples. Los capítulos pueden ser leídos de forma independiente o en su conjunto, ya que estos, en su mayoría, tienen una estructura tipo ensayo.

Finalmente, se presenta un anexo con artículos y ensayos que abundan sobre los procesos políticos electorales, estudios de casos sobre el comportamiento electoral, la celebración de elecciones en contextos de emergencia epidemiológica, las competencias esenciales del promotor del voto y los estudios de mercado.

Capitulo Uno

Introducción a la Gerencia de Campañas Electorales

Introducción

Las campañas electorales son ejercicios intensos de proselitismo y persuasión política, cada día más sofisticados y competidos, en las que el tipo de dirección, estrategia y capacidad organizativa de los partidos y candidatos determina, en gran medida, su éxito o fracaso. Es decir, el tipo de modelo administrativo que se imponga en la campaña determinará su éxito o fracaso, ya que una campaña caótica o desorganizada, generalmente, es una campaña perdedora, mientras que una campaña bien administrada y dirigida es una campaña usualmente ganadora.

Hasta hoy, la mayoría de las campañas electorales, principalmente las de carácter local, han sido dirigidas y coordinadas bajo modelos administrativos vernáculos. Sin embargo, un más alto nivel de competencia interpartidista por los espacios de representación pública ha hacho necesario su profesionalización y modernización, demandando nuevos estándares de desempeño.

La gerencia de campañas es el proceso administrativo orientado a generar ventajas competitivas mediante un uso inteligente de técnicas, conocimientos, capacidades y recursos con los que cuenta toda campaña, planeando, dirigiendo, ejecutando, evaluando y controlando las acciones que se emprenden tanto por el (los) candidato (s), el partido o los equipos de campaña.

La gerencia de campañas, preveniente del mundo anglosajón, representa una vertiente de modernización, inscrita dentro de la corriente racionalista, que busca eficientar los procesos políticos y mejorar su nivel de competitividad.[5] De hecho, el término gerencia connota un cierto manejo estratégico y profesional de la política, cuyas líneas principales son ejecutivas y operativas, aunque con una visión holística. Esta nueva disciplina representa una nueva forma de estudio y de ejecución de las campañas electorales bajo parámetros más sofisticados y profesionalizados, en la búsqueda o conservación del poder.

El término gerencia, también, se utiliza como sinónimo de administración, dirección, liderazgo o gestión especializada de campañas electorales. Es decir, de cierta manera, se usa como equivalente de liderazgo, pero con un perfil profesional, técnico y operativo en la que lo que importa son los resultados y la eficacia de las acciones.

---

[5] El término gerencia política, se ha introducido en América latina desde finales del siglo XX, para connotar un proceso de administración integral de la política, con un perfil eminentemente pragmático, usado, principalmente, en las campañas electorales. Dentro de las ciencias administrativas, la gerencia se ha utilizado como la versión ejecutiva y eminentemente práctica de la administración, diferente relativamente al concepto de gestión y al de la propia administración, aunque en algunos casos estos términos aparezcan como sinónimos.

En el presente capítulo introductorio se desarrolla las principales líneas conceptúales de lo que se entiende por gerencia de campañas electorales, así como se describe, brevemente, el proceso gerencial y los objetivos y ventajas que se obtienen al adoptar un perfil gerencial en la conducción y organización de una campaña político-electoral.

La gerencia

A diferencia de la perspectiva administrativista, la gerencia implica un uso racional y eficiente de los recursos con los que se cuenta en toda campaña electoral, tanto humanos, materiales, tecnológicos, cognitivos, económicos y el recurso tiempo. No se trata de un modelo burocrático que enfatiza sólo en el control de los recursos, sino que hecha mano de la planeación, la organización, la dirección y la evaluación, pero con un sentido práctico y operativo buscando centrarse en los objetivos y los resultados.

Gerenciar una campaña electoral implica la elaboración de un plan que determine los rumbos y orientaciones estratégicas a seguir para alcanzar los objetivos electorales buscados. Implica, también, una dirección ejecutiva y proactiva, con una visión integral del proceso político, con sensibilidad para entender las coyunturas y momentos electorales, con un espíritu emprendedor y vocación de trabajo en equipo. Es decir, la gerencia implica, de cierta manera, la incorporación de una visión empresarial a la dirección de las campañas, privilegiando una vocación práctica y la eficiencia de sus procesos. [6]

El gerente planifica, investiga, crea, dirige, diseña estrategias y coordina los esfuerzos de proselitismo, comunicación y persuasión de los equipos de campaña, con el único objetivo de ganar la elección o posicionar al candidato y su (s) partido (s). Es un estratega con habilidades operativas, que se apoya en las nuevas tecnologías existentes en el mercado, tiene destrezas para la dirección de grupos, la negociación y solución de conflictos. Es un líder diestro en la comunicación y las relaciones públicas, hábil para la toma de decisiones estratégicas con facilidad de trabajar bajo condiciones de estrés y con equipos complejos altamente demandantes. Estos gerentes son estrategas que buscan maximizar resultados, eficientar procesos y racionalizar el uso de recursos, buscando siempre alcanzar los objetivos buscados.

Una campaña exitosa demanda distintos gerentes, dependiendo de su estructura organizacional y tipo de elección, los cuales tiene como principal actividad el dirigir y coordinar las acciones y programas de la campaña, generado, a su vez, un clima de trabajo interno armonioso y dinámico.

---

[6] Aquí es necesario aclarar que no se trata de una aplicación mecánica de los principios gerenciales propios del sector empresarial a la política, sino más bien una adecuación de acuerdo alas circunstancias y características de cada proceso electoral.

Los objetivos centrales

Los objetivos que busca alcanzar el nuevo enfoque gerencial de campañas son básicamente cuatro: Primero, imprimir cierto orden, coherencia y sentido de dirección profesional a los esfuerzos proselitistas y de persuasión de la campaña, alejándose del caos y la desorganización típica de muchas campañas tradicionales.

Segundo, generar cierta certidumbre, unidad, capacitación y motivación a los equipos de campaña para realizar las tareas y labores encomendadas de acuerdo a su perfil, área de ubicación y experiencia profesional.

Tercero, logran un alto posicionamiento del candidato y partido postulante en la mente y corazón de los electores, así como generar una corriente de opinión pública y social favorable a la campaña.

Cuarto, el objetivo final y central es convertir las simpatías y preferencias electorales en votos reales que aseguren ganar las elecciones. Es decir, el objetivo estratégico de la campaña es la búsqueda de votos para obtener o conservar los espacios de poder.

El proceso gerencial

La gerencia de una campaña implica la aplicación inteligente y pragmática de los elementos centrales de las ciencias administrativas, como lo son la planificación, la organización, la dirección, la evaluación y el control. Es decir, toda campaña se debe planificar, necesita contar con un diseño organizacional funcional, requiere de una dirección ejecutiva con capacidades técnicas y operativas, que evalúa y, a su vez, controla sus procesos y recursos.

El plan debe contener un diagnóstico de la situación y contexto donde se desarrolla la campaña, un listado de las fortalezas y debilidades del candidato y de sus adversarios, las oportunidades y riesgos de la campaña, así como un diagnóstico de las necesidades, problemas y expectativas de los electores. En dicho plan se debe incluir, además, los objetivos, las metas, las estrategias, el organigrama, los presupuestos, el plan de medios y proselitismo, así como los programas especiales de búsqueda de votos que se impulsarán en la campaña.

La evaluación, que puede ser interna o externa, se realiza de manera periódica tanto al conjunto de la organización como a cada una de las partes con el fin de conocer avances y problemas, tratando de corregir errores y superar insuficiencias. Siempre debe ser una evaluación diagnóstica, sin el fin de recriminar o castigar a nadie, sino con el objetivo central de mejorar y retroalimentar a la misma campaña.

La organización implica el diseño de una arquitectura política funcional y operativa adecuada a los requerimientos de la campaña y de acuerdo a la circunscripción electoral o tipo de campaña (municipal, distrital, estatal o nacional) de que se trate. Para el reclutamiento y selección de los individuos que ocuparán la responsabilidad de las áreas de coordinación y dirección se recomienda sea con base en el mérito, sus competencias profesionales y sus habilidades directivas y no sólo por cuestiones de amistad, confianza o camaradería partidista.

En la dirección de una campaña se debe privilegiar un perfil ejecutivo, práctico y operativo, por encima de los enfoques teóricos o filosóficos, mismos que se sugiere se incorporen y procesen, en todo caso, en el área de asesoría de la campaña. La dirección implica capacidad y habilidad en materia de comunicación oral y escrita, negociación y solución de conflictos, relaciones públicas, toma de decisiones, creatividad, pensamiento estratégico, trabajo en equipo, manejo del estrés y habilidad para dirigir grupos.

Toda campaña debe contar, además, con un sistema de control para evitar excesos y violentar el marco normativo, que luego resulte contraproducente. El control no sólo debe ser presupuestal y administrativo, sino también requiere incluir las acciones de los integrantes del equipo de campaña e, incluso, de los simpatizantes. Lo que se trata es de evitar errores, escándalos o problemas que puedan repercutir negativamente en la campaña, ya que muchas de las elecciones no se ganan por los aciertos sino que se pierden por los errores cometidos por candidatos, lideres partidistas o miembros de los equipos de campaña.

La gerencia de campañas electorales se sustenta en los principios de la administración por resultados, en la que, sin desmeritar, la importancia de los procesos y los insumos, se enfatiza más en los productos. Es decir, la gerencia fija su mirada en el número y porcentaje de votos que se obtienen, ya que las campañas se ganan o se pierden de acuerdo al número de sufragios que se obtienen en los comicios y no sólo con simpatías electorales o encuestas de intención favorables de votos.

Las ventajas

El enfoque gerencial permite a las campañas electorales obtener una serie de ventajas respecto de aquellas que se administran de forma tradicional, las cuales están muy ligadas a los objetivos anteriormente señalados. Las siguientes son las más importantes.

Primero, una campaña dirigida bajo un enfoque gerencial proporciona ventajas competitivas respecto a aquellas que no lo utilizan, en la medida que permite un uso más racional y eficiente de los recursos.

Segundo, el enfoque gerencial permite un mayor profesionalización, ayudando a que las tareas y acciones de proselitismo y persuasión se realicen por profesionales y expertos, bajo parámetros técnicos y científicos.

Tercero, un enfoque gerencial, inspirado en objetivos y dirigido a resultados, genera un mayor nivel de certidumbre y confianza a la misma campaña, elevando la moral y la integridad del equipo de campaña, del partido y el mismo candidato.

Cuarto, un enfoque gerencial posibilita un trabajo más armonioso entre los integrantes del equipo de campaña y el ejército de colaboradores y voluntarios; permite, además, una mejor división del trabajo, fomenta la delegación de tareas y responsabilidades, así como plantea mecanismos para una solución de las divergencias internas de manera más rápida y eficiente.

Quinto, un enfoque gerencial reduce el nivel de conflicto interno y limita la sobre politización de la campaña, ya que lo que privilegia son las soluciones técnicas y operativas tomadas por personas con experiencia, talento y sensibilidad.

Comentarios adicionales

En una sociedad democrática, las campañas son ejercicios proselitistas cotidianos, orientados a persuadir a los ciudadanos para constituir mayorías electorales y alcanzar o conservar el poder. Por su naturaleza y temporalidad, las campañas, generalmente, se ven envueltas en una serie de inercias y prácticas anárquicas, en la que confluyen diferentes actores, visiones e intereses. Para dotarlas de cierta coherencia, orden y dirección, surge el enfoque gerencial aplicado a las campañas electorales.

Este enfoque de gerencia puede ser determinante para el éxito o fracaso de una campaña. El enfoque gerencial considera el conocimiento, la estrategia, la tecnología y el capital humano profesionalizado como activos importantes para lograr ventajas competitivas. Recuérdese que hoy día, ganan las campañas que son más capaces de incorporan nuevos conocimientos, talentos, técnicas y estrategias de vanguardia en sus procesos.

La gerencia de campañas es una nueva disciplina inspirada en ciertas tendencias neo-empresariales como la calidad total, justo a tiempo (*just on time*) y administración por resultados, todo centrado en el cliente y el mercado. Comprende desde el diseño, ejecución y supervisión de cada fase de la campaña hasta la planeación de rutas estratégicas, así como el reclutamiento, la capacitación y motivación del equipo de campaña.

Sus determinaciones se alejan de lo que se conoce como la tradición, los presentimientos y la superstición, apoyándose más en los conocimientos científicos y las habilidades técnicas y operativas de equipos suficientemente motivados y capacitados que muestran altos estándares de desempeño.

Este enfoque gerencial se ha convertido no sólo en una alternativa, sino en una real necesidad para los partidos, los candidatos y sus equipos de campaña en la lucha incesante por los espacios de poder público.

Capítulo Dos

Principios de Gerencia de una Campaña Electoral

Introducción

Las campañas electorales son definidas por la legislación como las acciones de los candidatos y partidos en la búsqueda del voto ciudadano. Estas campañas pueden ser también conceptualizadas, desde una perspectiva de las ciencias administrativas, como grandes esfuerzos organizativos en las que se trata de introducir una lógica de administración racional de los recursos con los que se cuenta para alcanzar el objetivo político buscado. En este sentido, una campaña implica administración de recursos humanos, materiales y financieros, toma de decisiones, resolución de conflictos, planificación estratégica, control, evaluación, liderazgo y gestión. En otras palabras, una campaña se puede definir como un esfuerzo administrativo temporal de un grupo de ciudadanos en la búsqueda del poder público, en la que se ponen en operación una serie de recursos para alcanzar objetivos y metas específicas.

La gestión de las campañas políticas se refiere a las acciones y políticas de administración y uso racional de los recursos humanos, económicos y materiales con los que se dispone con el fin de obtener los más altos beneficios esperados. Esto implica, la incorporación de todas las funciones, conocimientos y principios propios de las ciencias administrativas a los esfuerzos proselitistas que realizan candidatos y partidos en la búsqueda del voto del elector.

En materia de gestión de campañas políticas, entendida como la administración de los procesos y esfuerzos de persuasión, existen muy pocas publicaciones en México que aborden, desde la perspectiva de las ciencias administrativas, este campo tan amplio e importante de desarrollo. Por ello, en el presente capítulo se aborda, de manera un tanto sucinta, algunos de los elementos, principios y recomendaciones más adecuadas para realizar una gestión correcta y racional de los recursos que se involucran en una campaña electoral. Sin duda, éste será sólo un primer acercamiento dentro de un tema de investigación que se antoja promisorio en nuestro país, debido al nuevo escenario de democracia y alta pluralidad política predominante.

Este trabajo tiene como propósito en contribuir en la construcción de un campo nuevo del conocimiento (la gerencia de campañas electorales) sustentado en las ciencias administrativas y especializadas en las campañas políticas. Con este propósito, el trabajo se ha estructurado en tres apartados, el primero de ellos dedicado a justificar el por qué de la necesidad de abordar las campañas electorales desde una perspectiva de la gestión. Posteriormente, se describen las principales funciones y principios de la administración de campañas político-electorales. La parte final del trabajo se dedica a realizar una breve reflexión sobre la importancia de las campañas en el proceso de definición de la agenda de gobierno.

La Gestión de una Campaña Política

Una campaña puede ser conceptualizada como un proceso mediante el cual los políticos adquieren, en el contexto de una sociedad democrática, la legitimidad para conducir el gobierno. Las campañas son, en esencia, un proceso de persuasión intenso, planeado y controlado, que tiene como objetivo el influir en el elector a la hora de emitir su voto. Las campañas comprenden todo el conjunto de actividades llevadas a cabo por los partidos, los candidatos y los equipos de campaña para la obtención del voto. Estas campañas involucran una serie de recursos que se requieren administrar, así como demandan diferentes acciones de gestoría para allegarse fondos, crear o fortalecer estructuras para el proselitismo y la movilización electoral y mantener una permanente comunicación con el ciudadano.

En las campañas político-electorales, organizadas por profesionales, se hacen uso de todas las funciones universales de las ciencias administrativas, como lo es la planeación, la presupuestación, la evaluación, el control y la organización, pero con una agravante: las campañas son procesos más complejos que se desarrollan en un corto tiempo y, generalmente, ante la escasez de recursos. En este sentido, para una adecuada gestión, se requiere manejar sistemas complejos de administración de estos esfuerzos proselitistas.

Las mejores campañas son generalmente aquellas manejas por expertos que se apoya en los principios generales de las ciencias de la administración. Es decir, aquellas campañas bien planificadas, objetivamente evaluadas, bien administradas e inteligentemente dirigidas. En este sentido, se puede decir que la diferencia entre una campaña exitosa y una fracasada puede deberse al sistema administrativo que adopta y a la capacidad y preparación del equipo de trabajo que la sustenta. A continuación se aborda el proceso administrativo de una campaña y se señalan algunas sugerencias para su mejor dirección.

1. Planeación

Al hablar de campañas, algunos autores suelen establecer una sinonimia un tanto heterodoxa del término, al señalar que son sinónimo de caos o confusión, de tal manera que las mejores campañas son aquellas que tratan de ordenar ese caos. Esto es así debido a la gran dificultad que implica el administrar una campaña, que demanda diversas acciones y grandes recursos de manera intensiva en un breve tiempo. En este sentido, cobra importancia la planificación entendida como la tarea de trazar las líneas generales de las cosas que deben ser hechas y los métodos para hacerlas con el fin de alcanzar los objetivos organizacionales. De esta forma, las campañas pueden y deben planearse, ya que toda campaña profesional reclama el diseño de un plan general, también llamado plan estratégico de campaña, donde se establezcan las grandes políticas a seguir, las principales acciones y tareas a desarrollar, así como los temas centrales del mensaje del candidato o partido.

Existen diferentes conceptualizaciones sobre lo que es un plan de campaña. Para algunos autores el plan es un documento escrito que explica lo que se debe hacerse para que el candidato obtenga los votos suficientes para ganar la elección. Para otros, el plan de campaña consiste en una guía que señala los pasos que habrá de seguirse para asegurar el éxito en una campaña política.

Para efectos de la presente obra, un plan de campaña consiste básicamente en el esbozo de las estrategias proselitistas, organizativas y comunicacionales a seguir por parte de candidatos y partidos políticos para avanzar sus objetivos de poder.

El objetivo central de todo plan de campaña es alcanzar y/o avanzar las metas políticas de candidatos y partidos. Es decir, se busca incrementar su presencia en mercados electorales específicos, aumentar el número de votos y seguidores y, sobre todo, triunfar en los comicios electorales.

Un plan de campaña bien diseñado ayuda también a mantener al equipo de trabajo en la ruta trazada, clarifica las tareas y responsabilidades del candidato y del equipo de campaña, distribuye y racionaliza el uso de los recursos económicos, materiales y humanos, todo orientado a obtener mejores resultados en las elecciones. El plan de campaña tiene como objetivo inmediato, además, la coordinación y estructuración de los esfuerzos de la campaña.

No existe un tiempo delimitado en el que se especifique en que fecha debe ser realizado el plan, ya que cada campaña política experimenta dinámicas distintas y se ve sujeta a cierto tipo de eventualidades. Sin embargo, es recomendable que el plan sea elaborado antes de que se inicie la campaña, de tal manera que sea la guía o brújula que genere las pautas a seguir por el equipo de campaña. Esto no significa, que en la marcha el plan pueda ser sujeto a evaluaciones continuas y se realicen los cambios pertinentes, como se verá más adelante.

De acuerdo con Mario Martínez Silva y Roberto Salcedo Aquino, un buen plan de campaña deber ser breve y conciso, y a la vez suficientemente flexible para adecuarse a situaciones de un entorno político cambiante. Su contenido debe ser del conocimiento de los integrantes del equipo de campaña, pero se debe tener la suficiente discreción para evitar que dicho plan llegue a manos de los contrincantes o adversarios políticos.

Todo plan de campaña debe contemplar al menos las siguientes partes: Metas y objetivos, diagnóstico y análisis del entorno, las estrategias, el presupuesto, el organigrama y los programas específicos. A continuación se presenta una breve descripción de estos elementos del plan, omitiendo lo referente al organigrama y el presupuesto que se desarrollará más adelante en la parte correspondiente a organización y presupuestación respectivamente.

a. Metas y objetivos

Los objetivos son declaraciones de carácter amplio que enuncian los propósitos genéricos que se buscan alcanzar durante la campaña. Por ejemplo, un objetivo puede ser el coadyuvar en el proceso de transición política de cuño democrática en el país o tener una plataforma para difundir los planes programáticos del partido y las inquietudes personales del candidato.

Los objetivos pueden ser generales y específicos. Los objetivos generales, como su nombre lo indica, son pautas de desarrollo también genéricas en las que se establece los escenarios deseables a alcanzar. Ejemplo de objetivos generales puede ser el lograr una votación suficiente para ganar la elección, para lograr un buen posicionamiento de una determinada formación o partido político en el mercado electoral o para mantener el registro como partido legalmente reconocido.

Por su parte, las metas deben ser suficientemente precisos y cuantificables tales como el lograr, por ejemplo, el 34 por ciento de la votación, el ganar una mayor cantidad de votos en el sector de electorales indecisos o al revertir una tendencia negativa o adversa en las preferencias electorales de una determinada comunidad.

Las metas y objetivos van a ser distintos dependiendo del tipo de elección, partido político de que se trate e, incluso, perfil del candidato nominado.

b. El diagnóstico

Esa parte del plan constituye una sección medular que, de ninguna manera, debe ser obviado por los directivos de la campaña. El diagnóstico consiste en una descripción de la situación política donde se desarrollará la campaña, las tendencias históricas de las preferencias y lealtades electorales, las debilidades y fortalezas de los partidos y candidatos contendientes, las características geográficas y demográficas del mercado electoral, la problemática principal se aqueja a los electorales, los principales grupos de interés y líderes de la comunidad y los principales obstáculos que se habrá que superar para asegurar el éxito político.

Dentro de este diagnóstico, es importante recalcar que la investigación del documental, las encuestas de opinión pública sobre las preferencias electorales y la problemática del mercado electoral en cuestión, y la entrevista informal a los grupos de influencia.

c. Las estrategias

Las estrategias son las pautas que se necesitan seguir para logra concretar las metas y objetivos fijados. De acuerdo con Alejandro E. Lerma K, la estrategia de campaña consiste en un conjunto vinculado y coherente de parámetros de acción que buscando minimizar esfuerzos y optimizar resultados, conduzcan las acciones partidarias al triunfo.

Toda estrategia política debe responder, al menos, las siguientes interrogantes: ¿Cómo lograr que un determinado número de electores vote a favor del partido y candidato nominado? ¿Cómo lograr revertir una actitud apática o adversa al partido o candidato por parte de los electores o, en su defecto, cómo lograr mantener un alto nivel de popularidad del partido o candidato?

Las estrategias deben dividirse en diferentes vertientes como lo pueden ser las estrategias proselitistas, las de propaganda y las destinadas a lograr un mayor impacto en los diferentes sectores del mercado electoral, entre otras.

Las estrategias proselitistas deben incluir un listado de todas las actividades que se requieren realizar antes y durante la campaña electoral. Estas actividades pueden ser de presencia continua en la sociedad (candidato con arraigo y prestigio en la comunidad), las acciones de servicio a la comunidad (labores de asesoría legal, dispensario médico y dental, cursos recreativos y educativos, actividades de gestoría, etc.), la participación en organizaciones ciudadanas (por ejemplo en la estructura vecinal, en las organizaciones de padres de familia de la escuela, en organizaciones políticas, culturales y deportivas), las visitas domiciliarias, los mítines y el perifoneo, entre otros.

Las estrategias de propaganda deben comprender todo el proceso de comunicación delo candidato y partido hacia los electores, en la que se incluya preferentemente el uso de los medios electrónicos de comunicación, la propaganda escrita, la propaganda utilitaria y la relación con los medios de comunicación.

De particular importancia resulta saber que toda estrategia de propaganda del partido o candidato debe estar orientada a movilizar los sentimientos benévolos o tocar los acordes más sensitivos del elector para tratar de motivar el voto a su favor.

Las estrategias particularizadas que se diseñan para tratar de impactar en partes específicos de electores pueden ser también diversas. Por ejemplo, pueden impulsarse estrategias para dislocar al adversario, derrotarlo psicológicamente, incrementar los conflictos al seno de su partido o comité de campaña, distanciarlo del elector, o generar derroteros que minimicen las posibilidades de éxito del o los contrincantes.

Otras estrategias, un tanto de carácter positivo, orientadas a impactar un sector específicos de electores como el grupo de indecisos pueden ser el acercamiento y "cooptación" de líderes naturales, las visitas domiciliarias, la organización con determinados sectores de la sociedad como con los jóvenes del municipio o la colonia, entre otras.

d. Los programas específicos

Toda campaña política debe impulsar una serie de programas destinados a impactar a determinados segmentos del mercado electoral.

Estos programas dependerán también del monto de los recursos humanos, económicos y materiales que se dispongan. Los programas específicos que pueden impulsarse son, por ejemplo: Los eventos deportivos (torneos, desfiles, competencias, maratones, etc.), eventos recreativos (tardeadas, presentación de grupos musicales, charreadas, etc.), eventos sociales y culturales (festejo del día del niño, de la madre, del padre o presentación de exposiciones de pintura, escultura o de artesanías), instalación de mesas de proselitismo, mejoramiento del paisaje urbano (señalización, combate al graffitti, reforestación, limpieza, etc.), visitas domiciliarias a sectores determinados (jóvenes, mujeres, ancianos, etc.), las redes de amigos y brigadas de promoción del voto, entre otras.

2. Presupuestación

Toda campaña electoral reclama la existencia de una serie de recursos materiales, humanos y económicos que se utilicen racional y óptimamente para asegurar alcanzar los objetivos y metas fijadas. La gestión de este tipo de recursos se le denomina presupuestación.

La presupuestación tiene que ver con la toma de decisiones anticipadas sobre el destino de los recursos económicos existentes y el rubro donde se invertirá dichos recursos. Esta administración de presupuestos en campañas implica, en última instancia, un cronograma detallado donde se especifique las actividades a realizar y los montos de los recursos económicos necesarios. La viabilidad de una campaña, va a depender de la cantidad de recursos disponibles, de la creatividad en su uso, así como de su administración.

El presupuesto se divide en dos partes: el de ingreso y egresos: El presupuesto de ingresos debe contemplar toda la serie de recursos económicos y materiales que se dispondrán en la campaña y que pueden ser producto de las aportaciones de los militantes y simpatizantes, de los recursos públicos que asigna la autoridad electoral para gastos de campaña e, incluso, de recursos propios que el candidato destinará para asegurar un mejor resultado en la contienda.

El presupuesto de egresos debe incluir el gasto pormenorizado de todas y cada uno de las actividades programadas en el plan, los ingresos de los miembros del equipo de campaña con sueldo, los gastos de propaganda y comunicación, así como el cronograma de tiempos en la que se erogarán los recursos.

La rendición de cuentas

Uno de los aspectos centrales en la administración de las campañas tiene que ver con el concepto de *accountability*, que en es español es traducido como rendición de cuentas. Tanto en la legislación federal como en las de los estados y el Distrito Federal, se establece la obligación de los partidos de realizar un uso adecuado y trasparente de los recursos, no sólo públicos sino también de carácter privado. En el COFIPE, por ejemplo, en su capítulo segundo se reglamenta el financiamiento de los partidos políticos, se crea una comisión especial de fiscalización de los recursos de los partidos y agrupaciones políticas, mismos que tiene atribuciones para auditar el origen y monto de los ingresos, así como el gasto de los partidos políticos reconocidos legalmente. En las legislaciones estatales se contempla también la creación de comisiones especiales para la fiscalización de los gastos de los partidos.

De hecho, en México y muchos países latinoamericanos todo partido que reciba financiamiento público tiene que presentar informes detallados de gastos anexando los recibos y facturas correspondientes, mismos que deben cumplir con los requisitos fiscales vigentes. La fiscalización de los gastos incluyen visitas de verificación a los partidos, la revisión por parte de la autoridad electoral de los gastos realizados en relación con los topes de campaña, así como la contratación de despachos de auditores externos para asegurar un uso correcto de los recursos presupuestales.

En caso de que los partidos políticos no cumplan con la normatividad en materia de financiamiento y fiscalización, éstos pueden ser sancionados por la autoridad electoral de diferente forma como las multas y recargos que deberán pagar los partidos o serán descontados de sus futuras administraciones. Sin embargo, políticamente hablando, los castigos más severos tienen que ver con el desprestigio social ante el electorado, debido a la mala administración o uso deshonesto de los recursos financieros de los partidos, así como con el otorgamiento de menos presupuesto de origen público en comicios futuros.

Por ello, es necesario que las campañas sean administradas por profesionales, quienes deben utilizar los más estrictos sistemas de control y transparencia del gasto, ya que de lo contrario los partidos pueden recibir las sanciones estipuladas por la ley y el desprestigio de la sociedad. Ante esta realidad, se hace necesario llevar a cabo una contabilidad de ingresos y egresos de manera estricta, tratando de imponer orden al caos que impera, muchas de las veces, en las campañas.

3. Organización

La organización en la campaña implica el diseño del organigrama, así como una descripción de funciones, líneas de responsabilidad y jerarquía, propias del diseño organizacional de naturaleza político-electoral.

El organigrama de la campaña se puede definir como el gráfico de la estructura organizativa diseñada para alcanzar los objetivos y metas fijadas. Todo organigrama constituye el eje articulador de los esfuerzos del conjunto de individuos que se aglutinan entorno a un programa, ideal, partido, o candidato.
El tipo, estructura y tamaño del organigrama de campaña estará en la relación con el monto de los recursos económicos, materiales, tecnológicos y humanos con los que se dispongan, en función del tamaño del mercado electoral que se pretende "conquistar" y el tipo de lección y naturaleza del partido o candidato postulado.

Un organigrama básico para una elección debe incluir al menos los siguientes apartados:

a) Un coordinador general, mismo que deberá realizar trabajos de coordinación de los esfuerzos del equipo de campaña, asegurándose del respaldo logístico y financiero, así como realizando labores de supervisión del adecuado desarrollo de la campaña. Esta es una área integradora y coordinadora de los diferentes esfuerzos de los sube quipos de campaña.

b) Un cuerpo de asesores que proporcione el apoyo en la realización de los discursos, la planeación estratégica, análisis de coyuntura, respuesta rápida, coadyuvando en la evaluación de la campaña y de seguimiento al desarrollo de los trabajos y la campaña.

c) Un coordinador de acción electoral que será el representante del partido y candidato ante los órganos electorales, encargándose además de reclutar a los representantes del partido en las casillas electorales que se instalarán el día de la elección. Es el responsable del cuidado y defensa del voto.

d) Un coordinador de giras, mítines y eventos del candidato. El titular de esta sección realizará funciones de planeación, coordinación, supervisión, logística y control de las giras del candidato y de todos los eventos en los que participe.

e) Un coordinador de mercadotecnia política que deberá realizar funciones de control, diseño y planeación de la propaganda impresa y en medios, en bardas y audiovisual para la difusión y proselitismo del partido. Está coordinación realizará además estudios del mercado electoral, investigará el perfil de los diferentes subsectores que componen la comunidad y recomendará las estrategias políticas más adecuadas y el mensaje central para enfrentar exitosamente el reto fijado por la campaña.

f) Un coordinador de prensa y medios que genera las condiciones adecuadas para que exista una buena relación y cobertura de la campaña por los medios masivos de comunicación, principalmente los eléctricos. Su objetivo central es lograr que el candidato y sus eventos sean cubiertos frecuentemente por la prensa.

g) Un coordinador de finanzas que promoverá la captación de recursos económicos para la campaña y administrará de manera racional y eficiente de todos los recursos que lleguen a la campaña.

h) Un coordinador de programas especiales, mismo que diseñará, planeará y dará seguimiento a los diferentes esfuerzos del equipo de campaña destinados a impactar a determinados sectores del mercado electoral. Los programas especiales pueden ser, por ejemplo, el de reparto de despensa, organización de torneos deportivos o de reclutamiento de promotores del voto.

i) Un coordinador de sistemas, quién se encargará de la página web de Internet el contacto electrónico con ciudadanos, las redes sociales, las ciber-campañas, las bases de datos, así como del servicio y mantenimiento del equipo de cómputo del cuartel general de la campaña.

j) Un coordinador de estructura territorial. Será el encargado del trabajo proselitista y del contacto directo con los ciudadanos. Será el frente de infantería de la campaña y se estructurará a nivel de circunscripción electoral hasta a nivel de sección electoral.

k. Una secretaría ejecutiva quién se encargará de dar seguimientos a los acuerdos de la coordinación general y apoyar a todos los trabajos de ésta.

4. Administración de personal

En una campaña, se involucran una serie de recursos humanos con diferentes motivaciones. Se tiene, en primer lugar, los "camaradas" de partido, quienes se involucran en las campañas básicamente respondiendo una justificación ideológica o de identidad política a través del partido en el que militan y que postula al candidato. En segundo lugar, tenemos un grupo de ciudadanos que se incorporan a la campaña por una identificación con el candidato, ya sea por su carisma, su trayectoria, o por una relación circunstancial. Finalmente, tenemos los empleados propiamente de la campaña, quienes son contratados para realizar actividades específicas y quienes reciben un sueldo.

Estos recursos humanos deben también administrarse, tratando de imprimir una lógica racional para lograr alcanzar el objetivo buscado. De esta forma, cobra vigencia los principios y prácticas cotidianas de la administración de personal, aunque aplicado con ciertas limitaciones, ya que, como se señaló anteriormente a diferencia de una organización tradicional, las campañas son esfuerzos organizacionales y políticos de carácter temporal en la que no se puede aplicar a plenitud todas las técnicas y procedimientos de la administración como fuera el caso de una organización más estable y permanente.

Se recomienda realizar el reclutamiento y selección de personal, de acuerdo a los cánones de la administración de personal, solo para el caso de los empleados de la campaña que reciben sueldo, buscando cubrir el perfil ideal de acuerdo al puesto que cubrirán. De tal manera, que un coordinador de medios y prensa debe tener no sólo formación profesional en el campo de las ciencias de la comunicación, sino además experiencia directa en el campo y relaciones con los representantes con los medios de comunicación. De hecho, los responsables directos de actividades genéricas de la campaña, de acuerdo al organigrama, deben encargarse a individuos con perfiles adecuados para el puesto, quienes deben recibir sus honorarios y exigirles el cumplimiento de su responsabilidad.

En el caso de este tipo de empleados, lo más dañino para la campaña es la rotación de personal, ya que al abandonar el puesto los coordinadores de áreas estratégicas establecidos en el organigrama no solo dejan de dar seguimiento a compromisos y planes establecidos, sino que pueden además generar trastornos logísticos y estratégicos a la campaña. Por ello, es recomendable una buena selección de personal y buscar dotar de estabilidad en el puesto una vez nombrado el titular.

Para el caso de los voluntarios "camaradas" del partido que se involucran en las campañas, quienes generalmente no reciben sueldo alguno por el labor que desempeñan, lo que se recomienda en la capacitación y motivación para participar de manera más entusiasta y con conocimiento de causa sobre las tareas y labores en las que se pueden involucrar de mejor manera en este esfuerzo político.

Para el caso de los voluntarios, que se ligan a la campaña solo de forma esporádica, es recomendable la creación y atención de una unidad administrativa que les pueda asignar ciertas responsabilidades como el reparto de propaganda y promoción del voto entre sus conocidos, otorgar información sobre la agenda del candidato y actividades de la campaña, así como invitar a asistir a eventos y actos en los que se requiera demostrar fuerza y presencia partidista.

5. Dirección

El objetivo fundamental de la dirección o liderazgo es hacer funcionar a la organización buscando alcanzar el máximo rendimiento de los recursos con los que se cuenta en la campaña. La dirección busca ejercer un liderazgo claro y dinámico para guiar al equipo de campaña por el sendero adecuado en la búsqueda del triunfo electoral.

Existen diferentes tipos de liderazgo siendo los más comunes el liderazgo carismático, el burocrático, el democrático y el autoritario. En el desarrollo de una campaña, no se recomienda ejercer solo un tipo de liderazgo, ya que tendría que ser, en todo caso, circunstancial y ecléctico, dependiendo del momento la acción a realizar y la premura de tiempo que se disponga para la toma oportuna de decisiones.

En materia de administración de recursos presupuestales, lo que se recomienda es ejercer un liderazgo de carácter burocrático realizado por contadores y administradores especializados, quienes ejercerán sus actividades y administrarán los presupuestos apegados siempre a lo que señala la ley, aunque introduciendo cierto grado de sensibilidad y flexibilidad para no afectar la dinámica de la campaña. En el caso de toma de decisiones, que tiene que ver con estrategia y respuesta rápida ante los ataques de la competencia o coyunturas especiales, no siempre es recomendable el liderazgo democrático, ya que esto puede retardar y dificultar la misma toma de decisiones en la actuación pronta y oportuna del candidato y el equipo de campaña. Indudablemente, que el liderazgo carismático le corresponde ejercerlo al candidato, mientras que el liderazgo autoritario, muchas de las veces lo tiene que ejercer el contador de la campaña o el coordinador general de la misma, ya que tiene que ser ejecutivo con un perfil altamente pragmático.

a. Coordinador de campaña versus candidato

Uno de los puntos controversiales en la dirección de las campañas tiene que ver con las funciones y el rol que deben jugar dos actores importantes del equipo de campaña: el candidato y el coordinador general de la campaña, ya que muchas veces el candidato asume todas las funciones y responsabilidades propias de quien debe ser su coordinador, ante la existencia de conflictos, celos o desacuerdos en la conducción de una campaña.

Esto sucedió, en gran medida, en la elección presidencial del 2000 en México, donde Francisco Labastida Ochoa, a la sazón candidato del PRI a la presidencia de la República, anunció que todas las decisiones de estrategia de su campaña les correspondería a él y que su coordinador general, Esteban Moctezuma, solo le incumbía el seguimiento de los acuerdos que el candidato tomará.[7]

Sin duda, este tipo de decisiones representan un error no sólo desde la perspectiva de estrategia política, sino también desde la perspectiva administrativa, ya que un candidato y menos uno a nivel presidencial, no debe asumir las funciones, tareas y responsabilidades propias de un experto en la gestión de campañas. Es decir, la administración de la campaña reclama una serie de conocimientos, destrezas, esfuerzos y tiempo que sólo le pueda dedicar un coordinador general, ya que no se puede permitir que el candidato desvíe su atención y desperdicie esfuerzos y tiempo, que puede dedicar a la búsqueda de votos, en lugar de ocuparse de las cuestiones cotidianas, rutinarias y, muchas veces, burocráticas, propias de la administración de la campaña.

Una campaña profesional reclama la división y especialización del trabajo, donde el rol fundamental del candidato tiene que ver con la obtención de votos, la preparación y estudio de discursos emotivos, el contacto directo y fresco con el electorado, la gestión del afecto de la gente y, sobre todo, la agudeza en el proceso de comunicación política que establece con los ciudadanos. Por lo tanto, el candidato necesita delegar funciones en una persona capaz y con el perfil idóneo con el que existe afinidad, ya que la compenetración estrecha y el entendimiento entre el candidato y el director de la campaña es algo básico y fundamental para el éxito de la misma.

Quienes asumen el papel de políticos en la búsqueda del poder público y a su vez el rol de coordinadores generales de la campaña o de áreas operativas especificas, generalmente terminan exhaustos y decepcionados de los procesos electorales, con una serie de irregularidades administrativas y ante una serie de frustración por los resultados adversos obtenidos.

---

[7] Ante las frecuentes quejas que pesaban sobre el coordinador de su campaña Labastida señaló "el único coordinador (de campaña) soy yo."

b. El conflicto en las campañas

Es común que el conflicto se represente en todas las organizaciones y más si se trata de organizaciones de carácter político como son las campañas electorales. Estos conflictos son generalmente de diversa naturaleza y gravedad, por lo que los expertos han señalado que las mejores campañas son aquellos esfuerzos organizacionales que tienen mayor capacidad para procesar las desavenencias, pugnas, celos, mal entendidos y diferencias que se presentan en los equipos de campaña.

De acuerdo a Teodoro Luque los conflictos más comunes que se representan en las campañas tienen que ver con las divergencias que se presentan en su seno entorno a las siguientes cuestiones y relaciones que se establecen en las campañas: Staff versus voluntariado, generalistas versus especialistas, candidato versus director de la campaña, rutina, versus creatividad, organización formal versus informal, manager versus consultores, conflictos en la elección del candidato, ideología versus pragmatismo y diferenciación integración.

A estos conflictos se pueden agregar otros que cotidianamente se presentan en las campañas, como las divergencias que se presentan en el uso del presupuesto y de los recurso de la campaña, los sugeridos ante la integración de los principales puestos dentro del organigrama de la campaña, en la definición de agenda del gobierno o plataforma programática, así como los conflictos que se presentan ante los ataques de la competencia y en la definición de estrategia de defensa que debe seguirse.

Lo que siempre se recomienda en estos casos, es una capacitación de los principales integrantes del equipo de campaña en el manejo de conflictos y de las crisis, conocimientos que las mismas ciencias administrativas proporcionan.

6. Evaluación

Toda campaña debe ser evaluada y se deben establecer también mecanismos de control de la misma. Realizar una evaluación siempre será positivo, ya que dependiendo de los resultados de esta, se pueden impulsar acciones para mejorar la campaña.

La evaluación sirve también para retroalimentar la campaña y tomar decisiones oportunas, que pueden ir desde la continuación de la campaña en la misma dirección, hacer algunos cambios y adecuaciones estratégicas, o por lo contrario realizar cambios drásticos y oportunos para evitar el fracaso en la elección.

La evaluación de una campaña se puede realizar de manera permanente o intervalos de tiempo, dependiendo de los recursos humanos y materiales con los que se cuente. Por ejemplo, en las campañas distritales y municipales se puede realizar una evaluación por semana, pero en campañas estatales y nacionales se deben realizar evaluaciones más esporádicas.

Para la evaluación, se puede utilizar diferentes métodos e instrumentos como las encuestas sobre las preferencias electorales, los grupos de enfoque, los panales de expertos o contratando despachos especializados en la temática de la evaluación.

La información que se obtenga de la evaluación debe utilizarse de forma discrecional, solo como una herramienta para la toma de decisiones claves, el diseño de estrategias y para la definición de acciones que se requieran. El candidato y el equipo de campaña, siempre debe mantener una actitud receptiva y positiva sobre las sugerencias y señalamientos que resulte de la evaluación emprendiendo las acciones que se recomienden los expertos.

En la evaluación, siempre se debe buscar la verdad y ser útil para, de ser necesario, cambiar el rumbo, acelerar el paso en algunos frentes de la campaña o rediseñar estrategias. Es decir, la evaluación debe ser objetiva, utilizando los mejores instrumentos y medios.

Los tipos de evaluación que se realicen pueden ser de distinta naturaleza como puede ser la evaluación diagnóstica, la evaluación para conocer el grado de aceptabilidad del electorado o la evaluación de imagen, por señalar algunos. Se puede evaluar la efectividad de la propaganda y el grado de persuasión del candidato, la trascendencia de los temas centrales de la campaña, del aspecto administrativo y financiero de la campaña, la funcionalidad del equipo de campaña y el nivel de posicionamiento de los candidatos, incluyendo la competencia.

Consideraciones adicionales

Las campañas cumplen varias funciones, ya que no sólo sirven para motivar al elector a acudir a las urnas en día de la jornada electoral y reclutar a la clase gobernante, sino también para definir una agenda tentativa de gobierno. A lo largo de la campaña y ante el contacto directo con los electores, los candidatos van conociendo los problemas principales de la población, palpan sus sentimientos, deseos y aspiraciones, así como las propuestas e ideas de los propios ciudadanos para la solución de muchos de los problemas. En este sentido, las campañas se constituyen en instrumentos de diagnóstico del mercado electoral, muy útiles para definir la futura agenda de gobierno y para el diseño de políticas públicas que inciden en la solución de los problemas que aquejan a la sociedad.

A través de las campañas, los frutos gobernantes conocen además a los principales grupos de interés en circunscripción electoral, a los líderes comunitarios y los planteamientos de los otros partidos y candidatos. Esta información, a posteriori, podrá ser de gran utilidad en las acciones de gobierno que deben impulsarse, así como en la definición de las estrategias políticas orientadas a la búsqueda de la gobernabilidad.

De esta forma las campañas se transforman en verdaderos sustentos de la administración y gestión, en referentes permanentes, que bien usados, pueden resultar muy satisfactorios tanto para gobernantes como para gobernados. Es decir, las campañas políticas se convierten en pilares importantes para el desarrollo del futuro gobierno y el ejercicio de una administración y gestión pública de alto nivel.

Capítulo Tres

La Planeación de la Campaña y el FODA

1. Introducción

La planeación es el proceso de establecer objetivos y escoger el medio más apropiado para el logro de los mismos antes de emprender la acción. De acuerdo a Henry Fayol, la planeación es el poder de controlar el futuro y llevar a cabo las acciones necesarias correspondientes. Para Harold Kanntz & Cyril O'Donne, la planeación es la habilidad para controlar las consecuencias futuras de las acciones presentes. Por su parte, Hill & Jones consideran que es la generación de una serie de escenarios para responder a la pregunta: "¿Qué pasaría si...?"

La planeación estratégica es el proceso por el cual los miembros, guía de una organización, prevén su futuro y desarrollan los procedimientos y operaciones necesarias para alanzarlo. Es, considerado, también como la identificación sistemática de las oportunidades y peligros futuros que combinados con las fuerzas y debilidades proporcionan una base para la toma de decisiones ventajosas en el presente para un aprovechamiento óptimo de las oportunidades o su creación, así como evitar los peligros o su transformación en oportunidades

La planeación estratégica es muy importante porque ayuda a lograr una aplicación más efectiva de recursos escasos -humanos, financieros y materiales, ayuda además a tomar decisiones más racionales, incorpora ventajas competitivas, proporciona el marco teórico para la acción y sirve para incrementar la capacidad operativa de la organización.

En el caso de una campaña electoral, lo recomendable es diseñar e implementar un plan estratégico de campaña que le de rumbo y dirección a los esfuerzos proselitistas impulsados por los partidos, los candidatos y los equipos de campaña.

El plan estratégica de campaña es un documento vivo que fija objetivos y define pautas de acción orientadas a alcanzar los objetivos señalados. Este plan le da dirección, claridad de miras y certidumbre a las acciones de la campaña, define estrategias y, sobre todo, marca las reglas del juego que orientaran las acciones y decisiones de la campaña.

El plan de campaña puede ser conceptualizado como un documento que explica lo que debe hacerse para que el candidato y su partido obtengan los votos suficientes para ganar la elección. Es una guía que señala los pasos a seguir para asegurar el éxito de una campaña electoral. Es el esbozo de las estrategias proselitistas, de propaganda, organización y movilización electoral por parte del candidato y el partido para avanzar sus objetivos de poder.

El plan expresa también el sistema de valores, la filosofía de la dirección de la organización política y pone de manifiesto una visión común del futuro en el seno del equipo directivo. El plan explica la situación de partida y describe los contratiempos y las evoluciones acaecidos en el entorno, lo que hace que las elecciones efectuadas y los resultados alcanzados sean más inteligibles para la dirección general. El plan es un instrumento de coordinación que permite mantener una coherencia entre los objetivos y favorecer un arbitraje en base a criterios objetivos cuando haya conflictos o incompatibilidades.

Todo plan de campaña debe ser sencillo, flexible, creíble y especificar los asuntos más importantes que se van a considerar como parte de las acciones proselitistas. Debe identificar las diversas áreas operacionales clave y quién será responsable de cada una de ellas. El plan estratégico debe precisar, además, los principios globales de trabajo que guían a la coordinación general de la campaña.

El plan de campaña facilita el seguimiento de las acciones emprendidas y permite una interpretación objetiva de las desviaciones entre objetivos y resultados, permite también incrementar la agilidad de las reacciones de los dirigentes de la campaña frente a cambios imprevistos, en la medida en que ya se haya llevado a cabo una reflexión sobre el alcance de estos cambios en un momento y espacio determinado. El plan permite una organización y una gestión más rigurosa, basadas en normas, en presupuestos, en un calendario y no en improvisaciones.

A sabiendas que toda campaña electoral siempre provoca confusión y que la organización de una campaña ganadora nunca ha sido una tarea fácil, entonces se puede entender la necesidad de contar con un plan de campaña para ordenar la confusión. Además, es importante considerar que la planeación de campaña, bien diseñada y bien utilizada, ahorra tiempo, dinero y esfuerzo. En otras palabras, *en una campaña nada debe ser producto de la casualidad.*

Si no se tiene un plan de campaña que nos guíe a través de los intrincados caminos que se nos presentarán durante el proceso electoral, con toda seguridad que en lugar de mantener la mirada puesta en su objetivo estratégico, nos encontraremos a la deriva, expuestos a seguir cualquiera de las mil y una direcciones que los amigos, colegas y los "estrategas de café" recomendarán.

2. El FODA

Como parte del ejercicio de planeación estratégica, se hace necesario realizar el análisis FODA, que nos permita tener un diagnóstico preciso del punto de partida de la campaña, mismo que dará sustento y precisión al trazo y tino estratégico. El análisis FODA comprende el conocimiento profundo de las fortalezas y debilidades de los principales adversarios, así como de las fortalezas y debilidades propias. En adición, el análisis FODA nos ayuda a conocer las amenazas y las oportunidades que se presentan en el contexto (entorno) y la circunstancia particular en el que se desarrolla la elección.

En otras palabras, el FODA como herramienta de planeación de una campaña electoral, ayuda a sentar las bases informativas para iniciar las acciones y determinar las estrategias conducentes para alcanzar los objetivos que se buscan.

Los componentes internos son las fuerzas y las debilidades que se tienen y los componentes externos, como puede ser la competencia, sus fortalezas y estrategias , así como sus debilidades, junto a las circunstancias representan oportunidades o amenazas.

El análisis FODA es una herramienta estratégica de planeación que permite conformar un cuadro de la situación actual de la organización o el estado que guarda la campaña, permitiendo, de esta manera, obtener un diagnóstico preciso que permita, en función de ello, tomar decisiones acordes con los objetivos y políticas formuladas.

A través del análisis FODA, podemos fortalecernos y potencializar el desarrollo de la campaña, utilizando cuatro diferentes estrategias relacionadas con sus diferentes componentes y sus múltiples combinaciones.

En primer lugar, se encuentra la estrategia DA (Debilidades versus Amenazas), que busca debilitar o disminuir tanto las debilidades como las amenazas. Las estrategias DA son defensivas dirigidas a la reducción de las debilidades internas y a evitar las amenazas externas. Además, en la medida que las debilidades se puedan convertir en fortalezas y las amenazas desaparezcan o se conviertan en oportunidades, la campaña puede potencializar su impacto y desarrollo. En segundo lugar, se encuentra la estrategia DO (Debilidades versus Oportunidades), la cual busca minimizar las debilidades y maximizar las oportunidades. Las estrategias DO tienen como objetivo superar las debilidades internas aprovechando las oportunidades externas. En tercer lugar, se ubica la estrategia FA (Fortalezas versus Amenazas), misma que busca que las fortalezas de la organización puedan copar con las amenazas del medio ambiente.

Es decir, su objetivo central es maximizar las fortalezas y minimizar las debilidades. La estrategia FA utiliza las fortalezas para evitar o reducir el efecto de las amenazas externas. Finalmente, se encuentra la estrategia FO, orientada a agradar las fortalezas y sus oportunidades. Las estrategias FO utilizan las fortalezas internas para aprovechar las oportunidades externas.[8]

En el caso de las campañas electorales, es recomendable hacer el análisis FODA y diseñar las estrategias para alcanzar los objetivos buscados. Al respecto, se siguiere listar las oportunidades y amenazas externas clave que se presentan en el contexto de la elección. Es necesario también listar las fortalezas y debilidades internas clave, así como realizar ejercicio de conciliación de las fortalezas internas con las oportunidades externas para definir el trazo estratégico de la campaña. A partir de este análisis y del

---

[8] Véase Fred R. David (2008), Conceptos de Administración Estratégica, Ed. Pearson, México, Decima primera edición.

diseño de las estrategias, se pasa al nivel de decisión e implementación, así como, en su momento, a la evaluación y retroalimentación.

3. Consideraciones finales

La planeación es un proceso continuo para anticipar posibles escenarios y determinar las mejores estrategias para alcanzar los objetivos buscados. En las campañas electorales, la planeación se convierte en una ventaja competitiva con la que cuentan los partidos y sus candidatos para derrotar a sus adversarios y ocupar el puesto de representación pública. Es decir, una campaña exitosa se sustenta en un plan estratégico orientado a maximizar los recursos y esfuerzos con los que se cuentan.

La planeación estratégica de una campaña es una actividad trascendental en todo proceso electoral, porque ayuda a darle rumbo y dirección a los esfuerzos proselitistas impulsados por los partidos políticos y sus candidatos. Como guías para orientar la acción, el trazo estratégico y los movimientos tácticos, la planeación debe ser considerada como parte de las actividades más importantes de una campaña, ya que toda campaña profesional, para evitar desviaciones mayores, debe contar con un mapa de ruta.

Como dice Gary Gasparov, la planeación es un paso importante para asegurar el triunfo, pero se tiene que considerar su aplicabilidad ya que, una planificación sin acción es fútil, aunque también la acción sin la planificación es fatal.

Capítulo Cuatro
Dirección y liderazgo de una campaña electoral

1. Introducción

El éxito de las campañas electorales depende de varios factores. Uno de ellos es, sin duda, es la dirección o el liderazgo que se ejerza durante el desarrollo de la misma, principalmente por el candidato, la dirección del partido político, por los diferentes coordinadores de la campaña y también por el propio equipo de colaboradores y promotores del voto.

El candidato debe ser el líder principal, aunque no el único, de la campaña, mismo que debe dar la pauta central para orientar los esfuerzos colectivos con el propósito de alcanzar los objetivos establecidos, tratando de maximizar el uso de los recursos con los que se dispone. Como decía J. L. Chagoya, la velocidad con la que avanza un grupo, lo determina el paso del líder.

La dirección del partido debe contribuir a forjar un liderazgo fuerte del candidato, mismo que contribuya con las tareas y acciones de proselitismo y persuasión política, para así ganar la contienda electoral. Por su parte, el liderazgo del candidato debe orientarse, también, a fortalecer al partido que lo postula. Es decir, la construcción del liderazgo en la campaña depende de la coordinación, sinergia y apoyo mutuo entre candidato y dirigentes del partido.

Los coordinadores de campaña, también, deben ser líderes que contribuyan a alcanzar el objetivo central de la misma y ayuden con eficiencia y oportunidad en las tareas estratégicas, logísticas, organizativas y comunicativas de la campaña. Lideres con una alta inteligencia organizativa, emocional, relacional y verbal orientados a los resultados.

Finalmente, los apoyadores y promotores del voto, también, deben ejercer el liderazgo no sólo para persuadir y movilizar a los votantes, sino también para servir como ejemplo de entrega, entusiasmo, trabajo, cooperación y labor de equipo, sobre las cuales se sustenta toda campaña exitosa.

En una campaña, el liderazgo no sólo debe ser considerado como el arte de dirigir, sino también, como decía Warren G. Bennis, como la capacidad de convertir los sueños y las visiones de la gente en realidad. Liderar no es mandar, es saber servir y dirigir a los demás.

De acuerdo a David Casares (1994), el liderazgo es la acción de influir en los demás; las actitudes, conductas y habilidades de dirigir, orientar, motivar, vincular, integrar y optimizar el quehacer de las personas y grupos para lograr los objetivos deseados, en virtud de su posición en la estructura de poder y promover el desarrollo de sus integrantes. Es cualquier intento expresado de influenciar e impactar la conducta de otras personas.

Durante una campaña electoral, el liderazgo se orienta a motivar a los simpatizantes y apoyadores de una causa y a movilizar a los votantes para apoyar al partido o candidato de su elección.

2. Características de un buen líder de campaña

Los líderes de las campañas ya poseen una serie de cualidades y características distintivas, mismas que se han forjado y desarrollado a través de los años, ya sea en el seno de la familia, la escuela, la iglesia, las organizaciones sociales y políticas o, en general, en un contexto social predeterminado. Sin embargo, también es muy importante desarrollar y potencializar dichas cualidades con el fin de lograr una mejora continua que le permita ser mucho más competitivo y exitoso en las tareas y retos presentes y futuros.

Un excelente líder de campaña debe tener un perfil bien definido, que asegure no sólo una alta productividad y eficiencia, sino también un clima organizacional armonioso que potencialice las acciones y genere un ambiente de camaradería y confianza.

Las características distintivas de un excelente líder en una campaña electoral son las siguientes: ser un buen comunicador; trabajar orientado a resultados; ser flexible y adoptable; con una actitud positiva, seguro e independiente; ser sumamente respetuoso y responsable; ser un gran motivador de individuos y grupos; autocritico; creativo; honesto y sincero, receptor y empático; amistoso y valiente; intuitivo y comprensivo, que confía en las capacidades de su grupo y ambicioso.

a. Un buen comunicador

El líder de una campaña debe ser un excelente comunicador, que impulsa una comunicación profesional tanto interna (hacia el interior de la organización) como externa (hacia los diferentes públicos). Es un individuo altamente competente, que domina a la perfección el arte de hablar en público, que usa un lenguaje claro, preciso y conciso, que comunica con pasión, orden y franqueza. Alguien capaz de generar confianza y credibilidad entre los demás, que considera a la comunicación como una de las principales divisas de la política.

Un líder que habla con naturalidad y seguridad, que domina las técnicas de expresión e impresión, que sabe informar, entretener, convencer y motivar, que habla con elocuencia, expresividad y entusiasmo, que sabe escuchar, que transmite energía y domina el arte de la persuasión política.

b. Orientado a resultados

El líder de campaña centra sus esfuerzos y acciones en resultados concretos y medibles. Los resultados que importan en la campaña electoral son el nivel de posicionamiento político de un candidato o partido determinado, el nivel de conocimiento y aceptación de los candidatos y partidos por parte de los ciudadanos y sobre todo, el número de votos que se obtienen en los comicios electorales.

Un líder orientado a resultados se administra con base en objetivos, evalúa constantemente el desempeño y motiva a los demás para alcanzar el resultado buscado, maximizando el uso de los recursos con los que dispone. Un líder con visión estratégica y direccionamiento claro, experto en la gestión de competencias, con valores bien definidos que sirve de ejemplo y motivación para los demás.

c. Ser flexible y adaptable

El líder de una campaña debe ser altamente flexible y adaptable a las diferentes circunstancias cambiantes que se pueden presentar durante las contiendas electorales. Como lo dijera Guillen George Ward, "el pesimista se queja del viento. El optimista espera que cambie. El realista ajusta las velas."

Las características distintivas de las campañas electorales son la dinamicidad, la incertidumbre y la complejidad de sus procesos. Una campaña exitosa exige de sus dirigentes la habilidad para adaptarse a los nuevos contextos, la flexibilidad de su estructura orgánica, la adaptación a los diferentes momentos y retos que implican todo sistema de competencia.

d. Actitud positiva

Un dirigente que ve oportunidades donde los otros observan problemas. Alguien que orienta sus esfuerzos y acciones en la solución de problemas. Un individuo que motiva, organiza y divide el trabajo, descentralizando decisiones, empoderando a sus subordinados y exigiendo resultados.

Un líder que piensa que siempre es posible revertir un resultado electoral, que en lugar de caer y lamentarse, se levanta para intentar de nuevo, persistiendo y persistiendo hasta que logra avanzar. Un visionario que sabe que caerse está permitido, pero levantarse es obligatorio. Un dirigente que considera que la actitud, muchas veces, es mejor que la aptitud.

e. Seguridad e independencia

Un buen líder de campaña es alguien seguro de si mismo, de lo que es, quiere y desea. Su seguridad no sólo lo refleja en lo que dice, sino en la forma cómo lo dice. Un líder que sabe que el voto es de quien lo trabaja, que considera que el hombre es el arquitecto de su propio destino, que nada viene solo sino que todo tiene una causa. Un dirigente que considera que cada hombre se forja su propia grandeza, que nada se regala, sino que se alcanza con esfuerzo, dedicación y disciplina.

Un personaje con ideas propias y decisiones independientes, pero que valora el trabajo en equipo y la necesidad de orientar sus esfuerzos hacia la consecución de metas especificas del colectivo al que pertenece.

f. Responsable y respetuoso

Un dirigente de campaña debe ser, ante todo, responsable de su dicho, sus acciones y sus decisiones. Alguien con la entereza de afrontar retos y desafíos, ya que dirigir una campaña implica no sólo un arduo trabajo y disciplina, sino también entablar diferentes compromisos que hay que saber honrar.

Un líder respetuoso de las opiniones y decisiones de los demás, independientemente del rango, nivel económico, sexo o religión. Un dirigente intransigente sólo con la mediocridad y la irresponsabilidad, pero tolerante con la pluralidad y la diversidad. Alguien que respeta y se hace respetar. Alguien que es responsable y sabe responsabilizar también a los demás.

g. Motivador

Un buen líder de campaña establece metas claras y precisas y motiva a los demás para alcanzarlas. Alguien que sabe evaluar el desempeño de los demás con equidad y justicia, haciendo que la gente se involucre y lo haga de forma plena. Un líder que se orienta al logro, que motiva a través de diferentes insensivos, relacionando las recompensas con el rendimiento.

Un dirigente político que considera a la motivación como el principal dinamo e incentivo de la campaña. Un líder que no sólo motiva, sino que alienta, empuja, ilusiona y mueve a las masas. Alguien que conoce la importancia del reforzamiento, que busca no sólo alcanzar los objetivos sino también buscar superar las expectativas de la gente.

h. Autocrítico

Otra de las características distintivas de un buen líder de campaña es su capacidad de autocrítica. Es un individuo que analiza con objetividad los avances, evalúa el desempeño y siempre busca nuevas áreas de oportunidad. Enemigo de la cultura de la simulación, ajeno a la autocomplacencia y alérgico a la hipocresía.

La autocritica implica la capacidad de conocer y diferenciar los defectos, insuficiencias y debilidades propias, proponiéndose cambios de actitud y de conducta para que éstos no se sigan repitiendo. Es la humidad para autoevaluarse y reconocer errores, siendo sincero con uno mismo.

Un líder con juicio autocritico, observa, evalúa y actúa, buscando siempre la mejora continua y el progreso de la campaña. Es un individuo con una alta sensibilidad social, misma que le ayuda a entender que, muchas veces, los problemas de las campanas no son causados por factores externos sino endógenos.

i. Creativo

La creatividad en una campaña electoral debe ser entendida como la capacidad de hacer cosas distintas a las tradicionales y hacerlas muy bien, logrando no sólo una mayor visibilidad y aceptación social, sino generando un verdadero efecto persuasivo en la conducta de los votantes. Ser creativo, entonces, implica crear, innovar, modernizar y, sobre todo, mejorar los procesos, las prácticas, los sistemas, los métodos y las acciones políticas con el fin de ser más competitivos en la lucha por los espacios de representación pública.

Una campaña altamente creativa es original, autentica, con estilo propio, diferente, competitiva, atractiva y adaptable. A diferencia de las campañas electorales tradicionales, que fastidian y no atraen el interés de los electores, las campañas creativas buscan innovar, construir y lograr una conexión emocional con los votantes. Un líder creativo impulsa campañas sutiles, inteligentes y altamente efectivas que logran impactar en la conducta de los electores y en consecuencia, gana las elecciones.

j. Honesto y sincero

Un buen líder de campaña es un individuo honesto consigo mismo y con los demás. Alguien con la entereza de reconocer aciertos, pero también errores. Un líder que les habla a sus seguidores con verdad, que es sincero y accesible.

La sinceridad es una característica central de los nuevos liderazgos. El engaño, la mentira y las artimañas debilitan no sólo a la política, sino también a la democracia. Lo que se requiere, en una campaña que pretenda ser exitosa, son líderes honestos y sinceros que les hablen tanto a los electores como a sus correligionarios con la verdad.

K. Receptor y empático

Un buen líder de campaña debe tener una alta sensibilidad política para entender a los electores, sus necesidades, sus problemas, sus deseos, sus emociones, sentimientos y expectativas.

Un líder de campaña debe ser también altamente receptivo sobre las necesidades de las diferentes áreas operativas y estratégicas de la campaña, tratando de proveer de los medios, instrumentos, recursos y materiales necesarios al equipo de campaña para que realicen adecuada y oportunamente sus labores proselitistas.

Un buen líder debe ser también empático, capaz de conectarse y relacionarse apropiadamente con los demás, con la capacidad de ponerse "en los zapatos de los demás," y con la humildad para vivenciar lo que sienten otras personas.

k. Amistoso y valiente

Muy cercano a la empatía, está la amistad. Un dirigente de campaña debe tener una personalidad amigable, que sabe relacionarse con facilidad y que utiliza las relaciones para construir activos a favor de la campaña.

Además, de amistoso, el líder de campaña debe ser valiente y animoso para tomar las decisiones correctas en el tiempo y la forma adecuado. Sin riesgos, no hay avance y la política implica tomar decisiones valerosas.

l. Intuitivo y comprensivo

Un buen líder de campaña debe ser también intuitivo y comprensivo. La intuición es la percepción clara e inmediata de una idea o situación, sin necesidad de razonamiento lógico o profundo. En la política, la intuición se constituye como una ventaja comparativa muy importante.

La comprensión no sólo implica el comprender a los demás, a tus seguidores y colaboradores, sino también el entender la campaña electoral como un todo, como algo integral y sistémico, en la que una decisión o acción tiene un efecto en el todo.

m. Ambicioso

Sin ambición no se pueden ganar las campañas. Sin embargo, un buen líder busca el poder como medio y no como fin. Su ambición debe se ganar el poder para servir, viviendo en la honrada medianía.

El líder ambiciona ser conocido, ser querido, ser apoyado y ser votado por la gente. De hecho, no hay un sólo personaje en la vida política que no ambicione un país mejor, un gobierno mejor y una economía prospera. Sin ambición no se llega a ningún lado. Con mucha ambición, se pierde la altura de miras.

n. Que sabe delegar

Un buen líder de campaña sabe delegar y empoderar a la gente, pero exige resultados. Un individuo con la habilidad para dirigir una orquesta y estar atento a la nota que cada uno de los integrantes incorpora a la melodía.

Quien no sabe delegar, no sabe mandar. Quien no sabe mandar, no sabe dirigir.

o. Con Inteligencias múltiples

Un líder debe tener y desarrollar, al menos, cuatro tipos inteligencias, mismas que le ayudarán a ser más competente en las tareas y responsabilidades que implica el gerenciar o dirigir una campaña electoral en escenarios de alta competencia política. Estas inteligencias son la verbal, la emocional, la relacional y la organizativa.

La inteligencia verbal ayudará no sólo para dar las indicaciones y lineamientos a seguir de la campaña en tiempo y forma, sino también para impulsar las tareas comunicacionales y persuasivas propias de la actividad proselitista. Un líder con una alta inteligencia verbal sirve también de ejemplo inspirador para los demás, ya que la palabra y la magia del lenguaje tienen un enorme poder de influencia entre la gente.

La inteligencia emocional ayudará no sólo a conocer las emociones y sentimientos propios y la de los demás, sino también a gestionarlas adecuadamente para avanzar en los objetivos políticos buscados. A través del uso de diferentes estrategias sustentadas en el uso de la inteligencia emocional, se puede influir además en los sentimientos y afectos de los individuos o grupos que se nuclean en torno de la campaña, así como entre amplios grupos del electorado.

El desarrollo de la inteligencia relacional permitirá al líder de la campaña el cultivar relaciones duraderas con los demás, sobre la base del afecto, la gratitud, el reconocimiento y la amistad. La inteligencia relacional ayudará, también, a caer bien, hacer amistades, ser aceptado, buscado y seguido, así como a interactuar en diferentes escenarios, a mejorar la manera de convivir con los diferentes grupos de la sociedad y, en general, a relacionarse con más personas, lo cual en política representa una ventaja competitiva.

3. Consideraciones adicionales

El tipo y carácter del liderazgo que se imprima en una campaña electoral puede determinar su éxito o su fracaso. Una campaña con un liderazgo débil y desatinado, seguramente, será una campaña fracasada. Una campaña con un liderazgo fuerte y certero será una campaña exitosa.

En toda campaña electoral, no sólo se deben incorporar los liderazgos tradicionales, sino que se deben forjar, también, los nuevos liderazgos al calor de la gesta electoral.

El liderazgo se ha convertido en una ventaja competitiva no sólo en las campañas electorales, sino en la vida misma. Quien aspire a ocupar la dirección de una campaña electoral, debe considerar con seriedad las características distintivas del liderazgo anteriormente descritas, ya que hay que recordar que "los líderes no nacen, se hacen."

Capitulo Cinco

Evaluación de Campañas Electorales

1. Introducción

Las campañas electorales son procesos políticos complejos, orientados a alcanzar un objetivo determinado, mismas que requieren ser evaluadas de manera periódica para diagnosticar su evolución y determinar futuras pautas de acción.

El objetivo de una campaña no necesariamente es ganar las elecciones. Algunos partidos y candidatos aprovechan la oportunidad que les ofrecen las campañas para tratar de posesionar y difundir una ideología determinada o publicitar su agenda programática. Algunos otros, buscan también alcanzar el porcentaje de votación necesaria para conservar su registro y acceder a las prerrogativas que la ley establece para los partidos políticos nacionales. Algunos otros candidatos, se involucran en las campañas con el objetivo de darse a conocer y lograr una mayor visibilidad social. Es decir, si bien, desde la perspectiva general, se cree que el objetivo central de toda campaña es ganar la mayoría de los votos para acceder a los puestos de la representación pública, lo cierto es que no todo los partidos y sus candidatos buscan el triunfo en las elecciones.

De ahí que, evaluar una campaña implique analizar y medir sí se cumplieron o no los objetivos buscados y establecer en qué medida se alcanzaron dichos objetivos. La evaluación, también, debe incluir el conocer las causas que generan los avances o retrocesos de las campañas, así como las consecuencias que se pueden generar en el futuro si las estrategias y acciones de los partidos y sus candidatos no se modifican y perfeccionan.

Evaluar una campaña implica un ejercicio gerencial, altamente profesionalizado y especializado, mismo que debe institucionalizarse como una nueva práctica de la modernidad, construyendo una cultura de la evaluación y la medición de los procesos políticos en todos y cada uno de los partidos y organizaciones políticas. Evaluar es un medio para obtener datos e información que pueda registrarse, procesarse y canalizarse para mejorar el desempeño de las campañas electorales.

En este capítulo, se abordan los aspectos centrales, características y metodologías que debe comprender la evaluación de una campaña bajo sistemas electorales altamente competitivos, así como se debate sobre la importancia de construir una cultura de la evaluación en la política electoral.

2. Marco teórico

El vocablo evaluar proviene del francés *èvaluer* que significa señalar, estimar, apreciar o calcular el valor de algo. Es decir, al evaluar se señala, se estima, se aprecia, se mide o calcula el valor o el avance de un proceso orientado a alcanzar un objetivo.

La evaluación es parte de todo proceso administrativo o gerencial, mismo que se orienta a tratar de obtener información valiosa y oportuna para, en un primer momento, conocer el estado de avance y desarrollo de la organización y, en un segundo momento, determinar pautas futuras de acción.

En una contienda electoral, la evaluación es el proceso sistemático y planificado de obtención de información para enjuiciar y valorar si el proceso, los planes, las estrategias, las acciones y los objetivos que se trazaron al inicio de la campaña, para saber si se están alcanzando, así como valorar en qué medida y el por qué de los avance, el estancamiento o el retroceso, según sea el caso.

La evaluación se ha convertido en una de las principales estrategias para la toma de decisiones en todos los ámbitos y, gradualmente, se ha incorporado como un método formal para la identificación y mejora confiable de resultados en el ámbito político. En el caso de las campañas electorales, la evaluación permite una toma de decisiones más acertada y, sobre todo, la retroalimentación sobre el rumbo y las acciones pertinente que hay que tomar de acuerdo al avance de la campaña.

En el ámbito político-electoral, la evaluación surge como un modelo cuantitativo para medir el cumplimiento de objetivos propuestos medido en porcentaje de votos a través, generalmente, de encuestas sobre preferencias electorales y, gradualmente, se apoya en modelos cualitativos derivados del ámbito empresarial. Hoy día, las campañas electorales, se evalúan tanto desde la perspectiva cuantitativa como cualitativa, tratando de medir el avance de las mismas no sólo en relación con la preferencia electoral sino tratando de buscar la causalidad de dichos avances o retrocesos.

Los cambios fundamentales que se han observado en los últimos años en la evaluación de campañas se centran en dos aspectos:

- El objeto a evaluar y
- El patrón de comparación.

En general, las diversas formas de concebir la evaluación pueden clasificarse en cuatro corrientes:

1. Medicional (cuantitativo),
2. Congruencia entre logros y objetivos (relacional),
3. Juicio de expertos (valorativa) y
4. Toma de decisiones (pragmática).

En términos conceptuales, resulta útil considerar a la evaluación como un **proceso** comparativo a través del cual se emite un juicio de valor acerca de un sujeto u objeto que conduzca a la toma de decisiones. Para realizar la comparación, requiere dos elementos básicos: patrón de comparación y el propósito perseguido.

Tyler (1950) que da la pauta para la aparición de diferentes modelos en el área educativa aún vigentes, propone la evaluación por objetivos que incluye:

a. Establecer objetivos.
b. Ordenar los objetivos en clasificaciones amplias
c. Definir los objetivos en términos de comportamiento.
d. Establecer las situaciones adecuadas para que pueda demostrarse la consecución de los objetivos.
e. Explicar los propósitos de la estrategia a las personas responsables, en las situaciones apropiadas.
f. Seleccionar o desarrollar las medidas técnicas adecuadas.
g. Recopilar los datos de trabajo.
h. Comparar los datos con los objetivos de comportamiento.
i. Recoger y usar la información para la toma de decisiones (propuesta de Cronbach en 1963).

Sobre los ámbitos de la evaluación, la literatura especializada señala que se puede evaluar genéricamente a) la administración (aspectos políticos, normativos, estructurales y funcionales); la organización (se evalúa con base en indicadores basados en los aspectos que se deben considerar básicos, por ejemplo, en una campaña, se determinan prioridades y se temporaliza su ejecución). Para cada uno de los aspectos centrales de la campaña se recomienda definir propósitos, formular indicadores, examinar la realidad, determinar la distancia entre la realidad y el indicador, deducir las acciones necesarias para identificar distancias identificadas. Asimismo, se incluye aspectos generales de toda evaluación como, por ejemplo, el para qué evaluar, qué se evalúa, quiénes y de qué manera deben evaluar, así como las fases y la temporalización de la evaluación y los métodos de evaluación (técnicas, diseño de instrumentos). Al final, se formulan conclusiones y se pasa a la toma de decisiones.

De forma esquemática, podemos decir que las fases obligadas del proceso de evaluación son las siguientes:

a) Recopilación de datos con rigor y sistematicidad.
b) Análisis de la información obtenida.
c) Formulación de conclusiones
d) Establecimiento de un juicio de valor acerca de un objeto evaluado.
e) Adopción de medidas para la actuación correcta.

Toda evaluación pude ser interna o externa, de acuerdo de la procedencia del agente que evalúa. La evaluación interna, a su vez, se divide en autoevaluación, coevaluación y heteroevaluación (la realiza una persona sobre otra: su trabajo, actuación, rendimiento, etc.). La evaluación externa es realizada por expertos ajenos a la organización. En el caso de las campañas electorales es más recomendable la realización de evaluaciones externas, ya que el agente evaluador no tiene intereses y preferencias políticas (es un técnico) para evitar el generar ciertos sesgos en la evaluación.

3. La evaluación de la campaña

a. ¿Para qué evaluar?

En el caso de una campaña electoral, se debe evaluar tratando de alcanzar los siguientes propósitos u objetivos. Primero, se debe valuar para conocer el estado general de la campaña, el trabajo realizado, por ejemplo, por los diferentes comités de promoción del voto y áreas coordinadoras de la campaña. Segundo se debe evaluar para conocer el avance de la campaña en relación con los objetivos fijados al inicio de la misma. Tercero, se debe evaluar para saber lo certero de las estrategias implementadas. Es decir, obtener información que permita saber si las estrategias implementadas están dando el resultado esperado. Cuarto, se debe evaluar para saber la causa del avance o retroceso de la campaña. Quinto, se debe evaluar para determinar fortalezas y debilidades de la campaña, mismas que ayuden a una toma de decisiones certera y oportuna para el mejoramiento de la campaña.

b. ¿Que se evalúa?

Durante una campaña se puede evaluar los procesos, los sujetos, las políticas, las acciones, las coordinaciones, los errores, las decisiones y las estrategias.

La evaluación de los procesos incluye el evaluar la integración de los frentes rectores de la campaña, como lo son el frente de la investigación, el frente de la comunicación e imagen, el frente de la organización, el frente del proselitismo, el frente de la movilización y el frente del cuidado y defensa del voto. En el primer frente se incluye todo elemento informativo que ayude a alcanzar el objetivo buscado bajo la premisa de que la información es poder. En este caso, este frente comprende el conocer al elector, conocer a los adversarios, conocer el contexto y la circunstancia especial de la elección, conocerse uno mismo y conocer la campaña.

En el frente de la comunicación e imagen se evalúa qué se está comunicando, cómo se está comunicando, qué efectos está generando la comunicación en el comportamiento del electorado, así como el tipo, frecuencia y alcance de la comunicación que se está realizando en la campaña, su nivel persuasivo, la cobertura de la comunicación de la campaña, los medios más efectivos para comunicar, los mensajes más persuasivos y, sobre todo, el tipo de imagen que se está impulsando, tanto de candidatos e institutos propios como de los adversarios.

En el frente de la organización, se evalúa el organigrama de campaña, la estructura organizativa de la campaña, la división de trabajo, la delimitación de responsabilidades, la comunicación interna y el trabajo en equipo.

En el frente de la movilización, se evalúa la estructura, la logística, los recursos, los medios y el operativo de movilización de los votantes el día de las elecciones.

En el frente del proselitismo, se evalúa las diferentes actividades de promoción individualizada del voto, la cantidad y calidad de las visitas domiciliarias y las presentaciones del candidato con distintos grupos y sectores de la sociedad.

Finalmente, en el frente del cuidado y defensa del voto se evalúa la integración de la estructura electoral que permitirá cuidar y defender el voto, la capacitación de los representantes generales y de casilla, la logística de apoyo a la estructura electoral, así como la existencia y capacitación del equipo de abogados dedicados a lo contencioso electoral.

Una evaluación, también, puede comprender a los sujetos de la campaña, principalmente aquellos que ocupan posiciones claves dentro del equipo de campaña. Una de las preguntas centrales que se sugiere hacer en una evaluación individualizada es cuál es la aportación que se está haciendo a la campaña y de qué manera esto incidirá en un mejor resultado en la elección. La evaluación de estructuras coordinadoras de la campaña, se hace con el fin de saber si están alcanzando el objetivo por el cual fueron creadas, así como en qué medida se está trabajando en equipo para alcanzar el objetivo central de la campaña.

La evaluación de los errores ayuda a evitar que estos se presenten con frecuencia en el futuro, aprendiendo de los mismos. La evaluación de las estrategias permite saber si el avance o retroceso de la campaña está relacionada con el trazo estratégico de la misma o con factores externos distintos, como pueden ser los errores, problemas internos o estrategias equivocas de los adversarios.

c. ¿Quién evalúa?

Evaluar una campaña implica tener un conocimiento profundo de este tipo de ejercicios proselitistas, por lo que un evaluador no debe ser un improvisado o un amateur de contiendas electorales. Se recomienda que el evaluador sea externo, contratado *ex profeso* para valorar la campaña y sugerir pautas de acción orientadas a su mejoramiento.

El perfil del evaluado ideal comprende aspectos tanto teóricos, técnicos y metodológicos, los cuales son propios de gente con experiencia y formación académica en temas de campañas electorales, evaluación por objetivos y métodos cuantitativos y cualitativos.

Si bien la evaluación es factor muy importante a considerar, se recomienda no distraer tantos recursos, ni mucho tiempo en la realización de la misma. Se debe invertir un máximo de un 5 por ciento de los recursos destinados a la campaña. La evaluación se debe realizar al inicio, en la fase intermedia y al final de la campaña. Realizarla al inicio permite saber de dónde y cómo se parte en la campaña. En el intermedio ayuda a diagnosticar fortalezas y debilidades para redefinir, de ser necesario, nuevas pautas de acción. Al final, permite saber qué se hizo bien y qué se hizo mal de lo cual se pueden obtener diferentes aprendizajes para impulsar mejoras en el futuro.

d. ¿Cómo se evalúa?

Evaluar implica medir, comparar objetivos con resultados y tomar decisiones. Existen diferentes metodologías que se pueden utilizar para evaluar el desempeño de las unidades coordinadores y operativas de la campaña. Sin embargo, la más recomendadas son el método de incidentes críticos, el método de escalas graficas, el método de investigación de campo, la evaluación por objetivo y la evaluación por resultados.

El método de incidentes críticos, enfatiza en evaluar lo que la coordinación y sus responsables de campaña hacen excepcionalmente bien o excepcionalmente mal en relación con los objetivos que se buscan. Este método se basa en el hecho de que en el comportamiento humano y político existen ciertas características extremas capaces de conducir a resultados positivos (éxito) o negativos (fracaso). Las excepciones positivas deben reconocerse y realzarse y ponerse más en práctica, en tanto que las negativas deben corregirse y eliminarse. Es decir, la evaluación consiste en indagar que es lo que esta haciendo muy bien cada una de las coordinaciones de la campaña (fortalezas) y que es lo que está haciendo mal (debilidades). A partir de su resultado, se realizan cambios orientados a la mejora.

El método de escalas graficas, sustentado en evaluaciones numéricas y análisis estadísticos, evalúa el desempeño de las personas, los grupos o las coordinaciones de la campaña mediante factores de evaluación previamente definidos y graduados. Utiliza un formulario de doble entrada, en donde las filas (horizontales)representan los factores de evaluación del desempeño, en tanto que las columnas (verticales)representan los grados de variación de tales factores, seleccionados previamente para definir en cada una de las unidades o coordinaciones las cualidades que se intenta evaluar. Cada factor se afine con un resumen, sencillo y objetivo. Cuanto mejor sea este resumen, mayor será la precisión del factor. Cada uno de estos se dimensiona para reflejar desde un desempeño pobre o insuficiente hasta el óptimos o excelente.[9] Este tipo de evaluación es muy importante para las campañas electorales, ya que también se puede evaluar otras variables importantes como lo son el candidato, el partido y la estrategia (Véase anexo No. 1).

El método de investigación de campo, también conocido como auditoria de campo, consiste en evaluar el desempeño de las coordinaciones y áreas operativas de la campaña no sólo con la información que ellos proporcionan al evaluador, sino también con los datos que una auditoria en campo proporciona. Es decir, a partir de la información que proporcionan las coordinaciones, se audita en campo si la

---

[9]   Véase   http://www.wikilearning.com/curso_gratis/la_administracion_de_recursos_humanos-metodos_de_evaluacion_de_colaboradores/15947-79

información corresponde con la realidad. Por ejemplo, si la coordinación electoral informa que ha reclutado y capacitado al 100 por ciento de los representantes de casilla, la evaluación consistirá en investigar si esto es cierto, en que media se ha cumplido y sobre todo, la calidad de la capacitación ofrecida.

La evaluación por objetivo está orientada a indagar si los objetivos planteados por las diferentes coordinaciones funcionales y unidades operativas de la campaña se están cumpliendo, en qué medida se están cumpliendo y cuáles son las causas que han originado en caso negativo, la falta de cumplimiento. Es decir, cada una de las unidades y coordinaciones de la campaña tiene un objetivo, mismo que está en consonancia con el objetivo general de la campaña. Al final, se evalúa el desempeño y se hace el cortejo para saber si se está alcanzando el objetivo buscado. Por ejemplo, la coordinación de visitas domiciliarias de la campaña tiene como objetivo visitar a todos y cada uno de los ciudadanos de la circunscripción electoral en sus hogares o lugares de trabajo para presentarles al candidato, informarles de sus propuestas y solicitarles el voto, detectando y anotando simpatías y antipatías políticas. En este caso, la evaluación por objetivos se orienta a auditar, vía un muestreo aleatorio, si el 100 por ciento de los hogares ha sido o no visitado por la coordinación o un representante de visitas domiciliarias, diagnostica la calidad de la información proporcionada y mide el grado de avance de la tarea encomendada a esa coordinación.

La evaluación por resultados, *postfacto*, consiste en cortejar si los resultados obtenidos por las diferentes coordinaciones funcionales y territoriales, así como por las unidades operativas de la campaña coinciden o no con los esfuerzos realizados. Es decir, la evaluación busca medir en qué medida el resultado corresponde al esfuerzo y trabajo realizado, cuáles objetivos se alcanzaron y cuáles no, así como, se determina las causas que generaron los resultados. Este tipo de evaluación busca explicar, también, si se ganó la elección por qué se ganó y si se perdió, cuáles fueron las causas que llevaron a la pérdida de la elección.

Evaluación de Campañas Electorales

Variable				
Candidato	Legitimado por elección interna	Imagen y carisma	Inteligencia verbal, emocional, organizativa y relacional	Arraigo y capacidad
Partido	Nivel de Unidad	Estructura Territorial	Imagen	Coordinación con el candidato
Movilización	Estructura	Experiencia Compromiso	Capacidad	Recursos
Estrategias	Comunicación	Construcción de imagen	Organización	Movilización
Posicionamiento	Candidato	Partido	Corriente socio-política que representa	Opositores
Equipo de campaña	Motivado	Capacitado	Integrado	Nivel de compromiso
Recursos presupuestales	Recursos públicos	Recursos privados	Recursos materiales	Tiempo
Organigrama de campaña	Funcional	Merito-crático	Territorial	Liderazgo
Gerenciamiento	Tipo burocrático	Ejecutivo	Deliberativo	Dinámico
Organización	Estructura Piramidal	Redes sociales, interés, familiares, ciudadanas, políticas.	Estructura horizontal	Número de Promotores del Voto
Campaña	Mística de Triunfo	Impulso	Tono	Creatividad
Errores	Cultura de la Simulación	Cultura de la adulación	Divisiones	Escándalos

Capitulo Seis

El Control de una Campaña Electoral

1. Introducción

El control, también, es parte del gerenciamiento de una campaña electoral. En sí, forma parte del proceso administrativo al lado de la dirección, la planeación, la organización y la evaluación. Desde la perspectiva de las ciencias administrativas, el control es una función orientada a evaluar el desempeño. Es un proceso que permite asegurar que las actividades reales se ajusten a las actividades proyectadas en la etapa de planeación.

De acuerdo a Henry Fayol, el control consiste en verificar si todo se realiza conforme al programa adoptado, a las órdenes impartidas y a los principios administrativos. El objetivo central de esta función administrativa es evitar desviaciones que puedan afectar la salud de la organización, dañar su reputación o amenazar su futuro.

En una campaña electoral, el control es una actividad muy importante tanto para la organización partidista como para los candidatos. En primer lugar, está el control financiero, mismo que implica una gestión presupuestal conforme lo indican los códigos electorales y la normatividad del partido u organización política. En segundo lugar, está el control operativo y estratégico de la campaña, lo cual implica no sólo evaluar el desempeño de las diferentes unidades y áreas de la campaña, sino también el desempeño de individuos y de las actividades proyectadas en el plan estratégico de la campaña, así como de las acciones proselitistas que pueden contravenir el marco normativo y generar un efecto inverso para la propia campaña electoral. En tercer lugar, está el control y supervisión de las actividades que realizan los opositores que también debe ser considerado en el control de las campañas electorales, que algunos llaman inteligencia competitiva.

En el caso de algunos países latinoamericanos, como México, se creó en el 2008 la Fiscalía General del Instituto Federal Electoral con el objetivo de fiscalizar el ejercicio de los recursos presupuestales que se destinan a los procesos electorales federales en los que se incluye el gasto en las campañas electorales para presidente de la república, diputados federales y senadores. Es decir, hay una tendencia internacional para ejercer un mayor control y vigilancia sobre los procesos electorales, producto de la profundización del propio sistema democrático.

Sin embargo, no hay una cultura al interior de las organizaciones partidistas para aplicar esta función tan importante en el gerenciamiento de las campañas electorales y siempre se presentan grupos e inercias políticas orientadas a evitar o desdeñar cualquier tipo de intervención con fines de control durante una campaña electoral. Sin embargo, desde la perspectiva tanto de beneficio político como de gestión presupuestal, es importante que en toda campaña electoral se atienda esta función de la gerencia.

De hecho, este tipo de control tiene que realizarse por ley y debe iniciar antes de que principien las actividades incluso de precampaña e incluye la creación de políticas, procedimientos y reglas partidistas diseñadas para asegurar que las actividades planeadas serán ejecutadas con propiedad conforme lo marca la propia normatividad electoral.

En este sentido, en el presente capítulo se abordarán los diferentes tipos de controles que se deben establecer en las campañas electorales, así como los problemas que el descontrol puede generar a las campañas y a los propios partidos y sus candidatos.

2. El control como proceso administrativo

El término control tiene muchas connotaciones. En varios casos es interpretado como restricción, coerción, limitación, dirección, refuerzo, manipulación e inhibición. Sin embargo, en las ciencias administrativas, el control considerado un elemento final[10] del proceso administrativo, que incluye todas las actividades que se emprenden para garantizar que las operaciones reales coincidan con las operaciones planificadas. Controlar es influir en lo que sucede con el fin de obtener los resultados esperados.

De acuerdo a Daff y Marci, el control organizacional es el proceso sistemático a través del cual los administradores regulan las actividades organizacionales para hacerlas consistentes con las expectativas establecidas en los planes, objetivos y estándares de desempeño. Daff y Marci agregan que para controlar una organización de forma eficaz, se debe decidir qué información es esencial, como la obtendrán y como pueden y deben responder a ella.

Por su parte, Chiavenatto apunta que el control dentro de una organización se utiliza par estandarizar el desempeño y la calidad de los productos, medir y dirigir el desempeño y garantizar que los resultados de lo que se planeó, organizó y distribuyó se ajusten lo máximo posible a los objetivos preestablecidos. Es decir, para saber si se están alcanzando los resultados deseados.

Chiavenatto agrega que el control es un proceso cíclico compuesto por cuatro fases: Primera, el establecimiento de estándares y criterios. Segunda, la observación y medición del desempeño. Tercera, la comparación del desempeño con el estándar establecido. Y cuarta, las acciones orientadas a corregir, si es necesario, el desvío o desajuste entre el desempeño real y el desempeño esperado. Los estándares pueden ser de cantidad, de calidad, de tiempo y de costos, aunque también se puede fijar estándares de carácter ético e incluso político.

De acuerdo a Benavides et al (2005) el control es un proceso a través del cual los administradores realizan un esfuerzo sistemático orientado a comparar el

---

[10] La planeación comienza el proceso administrativo, en tanto que el control lo cierra.

rendimiento con los estándares establecidos por las organizaciones y estar en capacidad de determinar si el desempeño es acorde con las normas.

Las características de todo proceso de control en las organizaciones, es que debe ser integral, flexible, periódico, selectivo, creativo, adaptado, motivador, adecuado, efectivo, eficaz y, sobre todo, económico.

3. Tipos de control

El control organizacional es el proceso sistemático a través del cual los administradores regulan las actividades organizacionales para hacerlas consistentes con las expectativas establecidas en los planes, objetivos y estándares de desempeño. De acuerdo a Daff se puede clasificar el control en tres tipos:

a. **Preventivo.** Intenta identificar y prevenir desviaciones, errores y actos controvertidos que pueden dañar a la organización y obstaculizar el cumplimiento de sus objetivos.

b. **Concurrente**. Busca asegurar que el desempeño de los empleados sea consistente con los estándares de desempeño previamente establecidos por la organización.

c. **Retroalimentación.** Se enfoca en evaluar los resultados de la organización con el fin de introducir mejoras en los procesos.

Finalmente, para Anthon y Govindarajan el control administrativo abarca las siguientes actividades: planear lo que debe hacer la organización, coordinar las actividades de las partes de la organización, comunicar la información, evaluar la información, decidir qué acción debe tomarse e influir en la gente para cambiar su comportamiento.

4. El Control político

A la función de control se le atribuye, en la mayoría de los casos, un carácter negativo y de restricción tanto en las organizaciones privadas, como en las públicas y políticas. Sin embargo, el control es necesario en todo tipo de organización para asegurarse que las actividades planeadas se realicen conforme con los planes trazados y que no se presenten desviaciones o distorsiones que puedan afectar el objetivo estratégico buscado.

En el caso de las campañas electorales, el control juega un papel muy importante para evitar que se realicen actividades que puedan generar un impacto negativo en la opinión pública y tengan un alto costo electoral, generando un malestar entre los votantes. Tales son los casos, por ejemplo, de escándalos de todo tipo (sexuales, financieros, declarativos, etc.), escenificados por los candidatos, equipos de campaña o dirigente partidistas, que pueden afectar las posibilidades de éxito de las propias campañas.

En el caso de la estrategia y las tácticas utilizadas, es importante que también se ejerza control para evitar desviación de la ruta trazada, así como que se evite impulsar acciones que puedan generar un efecto boomerang, dañando las posibilidades de éxito de la propia campaña.

El control político incluye el control de los recursos humanos de la campaña estableciendo estándares mínimos de desempeño y definiendo responsabilidades, tareas y actividades concretas a realizar en un tiempo y espacio determinado.
Los principales problemas por el descontrol de la campaña pueden llevar a la pérdida de la elección e incluso, en caso de ser graves, a la pérdida del registro del partido político.

5. El control en las campañas electorales

En una campaña electoral, el control debe ser integral abarcando aspectos tanto administrativos como políticos e, incluso éticos. En este sentido, el control se constituye como una actividad integradora orientada a garantizar el cumplimiento de los objetivos buscados siempre dentro de una serie de pautas y estándares socialmente aceptados.

De la misma forma, en la actividad electoral el control debe ser entendido como una función adjetiva y complementaria a las actividades proselitistas que fortalece a la organización en una perspectiva de mediano y largo plazo. Esto es, con la aplicación de acciones de control como puede ser la supervisión de acciones *in situ*, la medición de estándares de desempeño, las auditorias contables y financieras, o las auditorias funcionales u operativas a las diferentes estructuras operativas y funcionales de la campaña.

Las auditorias contables, por ejemplo, buscan que haya una aplicación legal del gasto y que los presupuestos de las campañas se utilicen conforme a lo establecido en los reglamentos y leyes aplicables. Por su parte, las auditorias funcionales están orientadas a revisar que las unidades y áreas operativas de las campañas cumplan con sus objetivos, que el personal esté cumpliendo su función y, sobre todo, que se estén alcanzando los objetivos y metas electorales establecidas.

Este tipo de controles son muy importantes para evitar que el partido político sea sancionado con multas, apercibimientos o pérdida del registro al no cumplir con los lineamientos del ejercicio presupuestal o para saber si las áreas operativas están funcionando y en qué medida. Sin embargo, el control más importante en una campaña electoral es el control sobre la estrategia central de la campaña y sobre las tácticas y acciones que se implementan como parte del trazo estratégico. Es decir, la coordinación general de la campaña debe tener el control sobre las acciones realizadas tanto por los militantes y simpatizantes, así como por los candidatos y dirigentes del partido, de tal manera que se garantice el éxito de los trabajos proselitistas y se salvaguarde la integridad, reputación y futuro de la organización partidista.

En una campaña electoral es posible la integración de los tres tipos de controles. El control previo, antes que empiece la campaña para tratar de anticiparse a los problemas. El control concurrente, que se realiza mientras se lleva a cabo la campaña. Intenta encontrar problemas o desviaciones en el curso de la campaña. Finalmente, el control retroalimentador, que se realiza después de haberse terminado la campaña con fines de aprendizaje y mejoramiento de las acciones a futuro.

En todo proceso electoral, se debe buscar además tener control de procesos, acciones, personas, actos, información, declaraciones, y, sobre todo, de recursos presupuestales, ya que el control de estos últimos garantiza, de cierta forma, no sólo que se apliquen los dineros para alcanzar los objetivos proselitistas buscados, sino también se eviten escándalos mayores y multas para el partido político.

6. Control sobre los recursos públicos

De acuerdo a Daff, el control presupuestal es el proceso de establecer métodos para los gastos de una organización, monitorear los resultados y compararlos con el presupuesto y hacer los cambios conforme se requieren. En el caso de las campañas, la legislación y los organismos electorales han establecido una serie de pautas que norman el origen y destino de los recursos tanto públicos como privados que se utilizan en la actividad proselitista. En este mismo sentido, los gobiernos a nivel municipal, estatal y federal han establecido programas rigurosos para evitar el desvío de recursos públicos a favor de alguna de las campañas electorales.

Tal es el caso, por ejemplo, del gobierno federal de México que impulsó en el 2009 un programa para evitar el desvío de recursos públicos para beneficiar alguno de los partidos y candidatos contendientes. Esta iniciativa se denominó Programa de Blindaje Electoral, consistente en acciones que el Ejecutivo Federal realizó a favor de una administración de recursos públicos y programas sociales transparente y sin objetivos político-electorales.[11]

Los principios que rigieron este programa fueron la legalidad, imparcialidad, honestidad, responsabilidad, transparencia y ética pública. Este fue además un programa que estuvo orientado a fomentar un uso legal, imparcial, honesto y transparente de los programas y recursos del gobierno federal. Además, según lo señaló el propio gobierno federal, este programa estuvo orientado a tratar de erradicar factores como el clientelismo que tanto daño ha hecho al país y que son contrarios al espíritu de la democracia mexicana.

---

[11] Este programa fue conceptualizado como "el conjunto de acciones que el gobierno federal realiza para garantizar que, durante el proceso electoral, todos los recursos públicos y programas sociales sean administrados de forma transparente, sin fines político-electorales.

El programa comprendió el impulso de nueve acciones de control interno, mismas que se enlistan a continuación: Monitoreo de ejercicio presupuestal, monitoreo de uso del parque vehicular, monitoreo del cumplimiento del horario de trabajo, monitoreo de inmuebles propiedad de la institución, monitoreo del uso de máquinas y equipos, monitoreo de las campañas publicitarias de obra, monitoreo de las campañas publicitarias de promoción de la imagen personal de servidores públicos, monitoreo de las campañas publicitarias de la institución y reporte sobre la generación de normas o instrumentos regulatorios.

Dentro de la normativa existente en México para apoyar las actividades de control presupuestal se encuentran también: 1) el reglamento general de fiscalización en materia electoral de las diferentes entidades federativas y a nivel federal, 2) Los lineamientos para la fiscalización de los ingresos y egresos de los partidos políticos y 3) Los lineamientos, formatos, instructivos, catálogos de cuenta y guía contabilizadora.

La normatividad electoral establece también límites de las aportaciones privadas, de los ingresos en especie, de los ingresos por colecta pública, en el autofinanciamiento, control de los rendimientos financieros, fondos y fideicomisos, un cuidadoso registro de egresos, requisitos de documentación probatoria, manejo de cuentas bancarias, control estricto de los gastos de propaganda, adquisiciones y contratación de servicios personales, entre otros.

Adicionalmente, se requiere que cada uno de los partidos políticos que reciben apoyos presupuestales rinda un informe sobre el origen y destino de los recursos públicos de las pre-campañas y campañas, lo cual incluye el cumplimiento irrestricto de los plazos y disposiciones fiscales, así como informes pormenorizados de los gastos de propaganda y gastos operativos de campaña, entre otros.

7. El Control de la Oposición

Para tratar de evitar que se realicen acciones ilegales, principalmente con el uso de recursos públicos o de procedencia ilícita, es necesario también que se impulsen acciones de control sobre los opositores, ya que es común el desarrollo de campañas de Estado. Estas campañas implican no sólo el uso de los recursos públicos para beneficiar a uno de los contendientes, sino también el uso de las instituciones públicas y las investiduras de los propios gobernantes para tratar de derrotar a sus adversarios políticos.

El control de la oposición implica también el seguimiento de sus acciones, declaraciones, planes y estrategias con el fin de buscar su desarticulación, la maximización de sus errores y, sobre todo, el conocimiento de los conflictos internos, problemas y desavenencias que se presenten en el lado opositor.

Contar con dicha información, permite tomar decisiones más acertadas y, sobre todo, anticiparse en el juego estratégico con el fin de lograr imponerse en el campo de la confrontación política.

Capitulo Siete

Los Errores en el Gerenciamiento de
las Campañas Electorales

1. Introducción

En las campañas electorales, los errores son fenómenos recurrentes, que se presentan constantemente en toda elección, que se cometen tanto por candidatos y partidos, como por miembros de los equipos de campaña. Los errores pueden ser aislados o pequeños, los cuales no tienen un efecto importante en el resultado de una elección. Sin embargo, hay otro tipo de errores, de los cuales hay que tomar las precauciones necesarias, debido al impacto que estos pueden tener en el resultado final de una elección. De hecho, sin temor a equívocos se puede afirmar que "las campañas electorales no se ganan por los aciertos, sino que se pierden por los errores."

De ahí, la imperiosa necesidad de conocer cuáles son los errores más frecuentes y más peligrosos que se presentan en una campaña electoral, para tratar de evitarlos o procesarlos adecuadamente, de tal forma que se evite infringir un daño grave que lleve a la pérdida de la elección.

Un error es conceptualizado como una decisión o acción equivocada que comete un individuo u organización, mismo que genera efectos contraproducentes. En una campaña los errores son aquellos actos, decisiones y actitudes que cometen candidatos, partidos o miembros de un equipo de campaña que reducen el nivel de aceptación de los ciudadanos o generan rechazo de los electores. Los errores en una campaña, generalmente, benefician a los adversarios y perjudican a quien los comete.

Las campañas no pueden dirigirse bajo la premisa del ensayo y el error. En política, los errores se pagan y pueden ser contraproducentes, generando secuelas y efectos de largo plazo. Las consecuencias de los errores, no sólo pueden ser la pérdida de las elecciones, sino incluso el fin de una carrera política.

En toda campaña electoral, se presentan tres tipos de errores: los errores estratégicos, los errores coyunturales y los errores periféricos. Los errores estratégicos comprenden todos aquellos ligados al tipo de estrategia proselitista y de comunicación que se impulsa por candidatos y partidos, el tipo de candidato postulado y los errores de cálculo en la planeación y desarrollo de una campaña. Este tipo de errores son los más graves, políticamente hablando, ya que pueden generar la perdida de la elección.

Los errores coyunturales son aquellos que se presentan al calor de la contienda electoral y comprenden todo tipo de incidentes menores negativos que se cometen por candidatos, partidos y equipos de campaña. Este tipo de errores por separado no son muy graves, pero acumulados pueden llevar a la pérdida de la elección. Finalmente, los errores periféricos son aquellos incidentes que se cometen por simpatizantes de partidos o candidatos debido al encuentro de pasiones que genera todo proceso electoral de esta naturaleza.

Los errores tienen que ver con actos, decisiones, declaraciones u omisiones por parte de los partidos, candidatos y sus equipos de trabajo. La gran mayoría de los errores son involuntarios, pero una vez realizados generan una serie de daños y retrocesos a los esfuerzos proselitistas de candidatos y partidos. Sin embargo, los errores también pueden ser revertidos, dependiendo de la habilidad, pericia y capacidad que se tenga para darle la vuelta, de tal forma que un error de campaña puede convertirse en fortaleza.

Tal fue el caso del llamado "error de la terquedad" de Vicente Fox Quesada, candidato en aquel entonces a la presidencia de la república mexicana, quien en una discusión con los otros dos candidatos (Francisco Labastida y Cuauhtémoc Cárdenas) se empeñaba en que el debate público que sostendrían se realizara ese mismo día, pronunciando insistentemente la frase: hoy, hoy, hoy... A la luz de los acontecimientos, Vicente Fox apareció como el candidato testarudo, terco y empecinado, incapaz de llegar a acuerdos con los demás, lo que era impropio de un buen candidato presidencial. Este error le significó una reducción de las preferencias electorales de cerca de 6 por ciento en tan sólo cuatro días.

Ante este nuevo escenario, los estrategas de la campaña presidencial de la Alianza por el Cambio, transformaron el "hoy de la terquedad" en el "hoy de la oportunidad," al señalar que se requerían soluciones inmediatas a los grandes problemas nacionales y no la tradicional posposición de las soluciones que por años habían caracterizado al añejo sistema político mexicano. De esta forma, el ¡hoy! se transformó en el lema central de la última parte de la campaña de Vicente Fox, quién, a la postre, logró derrotar al otrora poderoso PRI.

En el presente capitulo se enlistan y describen los principales errores que se cometen en una campaña electoral que pueden conllevar a la perdida de la elección. Se parte del principio de que todo error se puede evitar, siempre y cuando se analicen anticipadamente las decisiones que habrán de tomarse, se incorporen personas con talento y experiencia en la dirección de la campaña y se actué con sentido común.

2. Los errores más comunes

Son 20 los errores más frecuentes que se cometen en las campañas. Estos van desde errores de cálculo y estimación del candidato o partido sobre los momentos políticos que se están viviendo, hasta aquellos errores que tienen que ver con la forma como se dirige y administra la campaña. A continuación, se enlistan estos errores y se explica brevemente el impacto negativo que generan en las campañas.

a. Anarquía

El primer error tiene que ver con la falta de planeación y administración de la campaña. No hay etapas de la campaña, ni cronograma de actividades. Se impone el caos, la improvisación, el amiguismo y la sub-administración. Este es uno de los errores más frecuentes que se cometen en las campañas, despreciando la profesionalización, e imponiéndose el empirismo en la conducción de la campaña.

La falta de planeación y control genera caos, no hay un rumbo claro de las acciones proselitistas, las actividades se realizan descoordinadamente, hay duplicidad de mandos y funciones. Se carece, por lo tanto, de un plan de campaña, muchos militantes y simpatizantes se decepcionan ante la falta de orden, coordinación y responsabilidad tanto del candidato como de los responsables de la campaña. En pocas palabras, impera la anarquía, la desorganización y el descontrol en la campaña, lo que desmotiva al equipo, genera una mala imagen y, sobre todo, refleja poca capacidad de gobierno.

Para evitar este tipo de error se recomienda que toda campaña cuente con un plan, se integre un organigrama funcional de la misma con tareas y responsabilidades concretas y existan los controles necesarios para evitar escándalos, excesos y, sobre todo, la desorganización propia de un ejercicio político de la magnitud de una gran campaña electoral. Es decir, al caos hay que relevarlo por el orden, a la des administración por la alta gerencia, a la improvisación con la planeación, al amiguismo con la profesionalización y a la anarquía con el control.

2. Desatención del calendario y legislación electoral

Un segundo error, que comúnmente se comete en las campañas, tiene que ver con el incumplimiento de la agenda electoral, es decir, de los tiempos y formas que determinan las leyes y órganos electorales. Esto es, muchas fechas señaladas por el calendario electoral para realizar acciones precisas que contempla la ley se dejan pasar, lo que a la postre resultan contraproducentes.

De hecho, muchas de las impugnaciones que se rechazan por los tribunales electorales tiene que ver con la falta de cumplimento de los tiempos y las formas para hacerse, debido a que en su momento el partido o los candidatos no observaron lo estipulado por la legislación electoral. Este tipo de errores ha llegado a tal nivel, que por ejemplo, algunos partidos no han podido registrar a sus candidatos porque les faltaba algún documento solicitado por la legislación o porque desconocían los calendarios estipulados para el registro de los mismos.

Este error puede superarse con una correcta y oportuna coordinación entre el representante del partido en los órganos electorales, el candidato y/o el equipo de campaña y, sobre todo, con el conocimiento preciso de la normatividad electoral, de tal forma que se cumpla cabalmente con los calendarios que se establecen para toda elección.

c. Un mal candidato

Un tercer error que se comete en las campañas tiene que ver con la forma en la que se nomina a un candidato, así como con sus capacidades o debilidades como político. Es decir, este tipo de errores incluye desde la imposición por parte de la burocracia partidista que muchas veces se presenta de un candidato, pasando por encima de la normatividad interna del partido y de los consensos de los militantes, hasta la postulación de un candidato con fama pública cuestionable.

Como parte de este tipo de errores se encuentran, además, la postulación de un candidato con poca preparación política, sensibilidad, carácter y talento; un candidato con falta de tiempo para el proselitismo y las actividades de campaña; un candidato con problemas familiares que derivan en escándalo público o la nominación de un candidato impuntual e irresponsable. Todo este tipo de errores genera muchos problemas a la campaña, llevándola, muchas de las veces, por el acantilado de la desgracia.

De ahí, la imperiosa necesidad de los partidos de cuidar escrupulosamente la postulación de sus candidatos, ya que ellos son la cara más visible del esfuerzo proselitista y representan el punto de referencia más observado por parte de la ciudadanía. Recuérdese que el tipo de candidato postulado puede ser crucial para determinar el éxito o fracaso de una campaña, por lo que no se pueden permitir errores. Lo recomendable es postular candidatos que aseguren una alta rentabilidad electoral, un adecuado y responsable ejercicio de gobierno en caso de ganar la elección, así como un candidato que garantice la unidad del partido y el desarrollo de una buena campaña.

d. Una campaña reactiva

El cuarto error cometido en una campaña tiene que ver con la capacidad de iniciativa que muestre, la forma en que es conducida y la manera que responde a los nuevos escenarios electorales. Esto es, tiene que ver con la forma en la que se actúa, ya sea con base a lo que los adversarios hacen y proponen (reactiva) o con una actitud autogestiva.

Las campañas fracasadas son esfuerzos proselitistas reactivos, que hacen lo que los adversarios quieren que hagan y responden a las reglas del juego que fijan los otros contendientes, siendo incapaces de generar sus propias acciones, carecen de iniciativa y, lo más grave, se dejan llevar por las decisiones e intereses de los otros competidores. De esta forma, este tipo de campañas nunca llegan a ser líderes de la contienda, no son generadoras de nuevas ideas, estando siempre a expensas de lo que se establezca por fuera.

Es un grave error el no ser autogestivo, el no tener iniciativa propia, el participar en una campaña donde los temas del debate público y las acciones que se realizan han sido generados por otros, de acuerdo a sus tiempos, intereses y formatos. De ahí, la necesidad de evitar este tipo de errores diseñando y desarrollando campañas creativas, propositivas y, sobre todo, con iniciativa propia, adecuadas a las circunstancias y momentos que se estén viviendo.

e. Una campaña dividida

Un error muy frecuente que se genera en las campañas tiene que ver con la división y el canibalismo político que se presenta al seno del equipo de campaña o del partido mismo, dejando que se anteponga el interés particular por encima del interés general. Este tipo de errores resulta fulminante para los objetivos políticos que se buscan, ya que todo partido dividido y altamente confrontado internamente genera desconfianza social, se aleja de las posibilidades de éxito y, lo más grave, genera un fuerte resentimiento al interior de la organización, lo que trasciende más allá de los tiempos electorales.

Una campaña fracasada es una campaña dividida, que aparece ante los ojos de los ciudadanos como una confrontación entre caníbales, que sólo buscan el beneficio y supervivencia personal, olvidando los principios y postulados de su partido. Una campaña caracterizada por las luchas intestinas entre fracciones y grupos, que no pueden superar las inercias propias de los procesos de nominación de candidatos y que son incapaces de anteponer el interés general por encima del interés personal o de facción.

Es difícil el poder superar este tipo de errores, pero lo recomendable es que todo partido tenga la capacidad para poder procesar y superar sus diferencias el seno de la organización y no a través de los medios de comunicación. Por lo tanto, debe contemplar medidas disciplinares ejemplares para los disidentes sin caer en los extremos, así como diseñar mecanismos institucionales que permitan la integración de las minorías y fomenten la unidad partidista. La unidad a toda costa debe ser el objetivo estratégico que busque alcanzar toda formación política durante los procesos electorales. Antes y después de esto, es válido toda disidencia y confrontación, más no durante el tiempo de campaña. Recuérdese que los adversario reales están fuera de casa, no dentro de la organización.

f. Burocratización partidista

Un sexto error comúnmente cometido durante las campañas tiene que ver con el alto burocratismo que prevalece en las estructuras de dirección del partido, de tal forma que perjudica los esfuerzos proselitistas de sus candidatos y genera ventajas para sus adversarios. De hecho, es muy frecuente que el partido retenga los recursos económicos y propagandísticos de la campaña, sin hacer entrega oportuna porque no se han cumplido con los formalismos que se requieren o simplemente no se han tomado las previsiones necesarias para elaborarlos. De esta forma, mientras que la campaña pierde las oportunidades para ocupar, por ejemplo, los mejores lugares para publicitarse, los adversarios logran avanzar debido a los atrasos generados por la burocracia del partido.

El alto burocratismo y la falta de una oportuna previsión genera una serie de problemas a la campaña, convirtiéndose en un error que puede evitarse si existe en la directiva la capacidad de planear y prever lo que será requerido en toda elección, de tal forma que los recursos materiales y económicos necesarios para la campaña lleguen oportunamente. La falta de planeación y el exceso de burocratismo pueden dar al traste con una campaña: el hubiera en política no existe, sólo los hechos del presente.

g. Escándalos

Otro error, también, muy frecuente en las campañas tiene que ver con los escándalos, litigios y problemas en los que se ven inmersos candidatos, el partido y/o sus dirigentes durante las campañas electorales, lo que genera desconfianza social, desprestigio y, consecuentemente, votos opositores.

Los escándalos van desde asuntos de índole meramente personal del candidato como puede ser una desavenencia conyugal, demandas legales entabladas por particulares en su contra, asuntos controvertidos del pasado, declaraciones controvertidas, así como conflictos legales de familiares o amigos cercanos. Los escándalos mal manejados no sólo desprestigian a quienes los protagonizan, sino también, a los institutos que los postulan, ya que la gente juzga con base a estereotipos ubicando a candidatos, por ejemplo, como revoltosos y proclives a la violencia para referirse a los del PRD, como corruptos y autoritarios a los del PRI o "mochos" o santurrones a los del PAN.

Muchos escándalos son generados por declaraciones desafortunadas, poco meditadas o excesivas, por lo que es recomendable la prudencia y la cordura en su lenguaje. Recuerde que el hombre es dueño de las palabras que calla, pero esclavo de las que pronuncia.

Por eso, es importante evitar, en lo posible, la presencia de escándalos durante la campaña, que generan incertidumbre y confusión en el electorado y que terminan por alejar las simpatías hacia su candidato y el partido que lo postula. Para evitar este tipo de incidentes, el partido debe conocer a profundidad los antecedentes de sus militantes y no postular a personas que tienen un pasado turbio o que son proclives a participar en escándalos, que al hacerse públicos, reducen las posibilidades de éxito de la campaña.

h. Falta de Estrategia

Un octavo error que también se presenta frecuentemente en las campañas es la carencia de estrategias, por lo que no hay un rumbo claro, ni un mensaje central que comunicar a los electores. Jaime Durán Barba señala que si usted no es capaz de poner por escrito la estrategia de su campaña es que simplemente no tiene estrategia. En el mismo sentido, este estratega ecuatoriano apunta, que cuando una campaña carece de estrategia, el despilfarro es la norma.

La falta de estrategia no sólo genera caos y desorden al interior de la campaña, sino incluso provoca la pérdida de la elección. Por ello, es indispensable tener bien definida la estrategia o las estrategias de campaña, no cambiar cada día de opinión y de estrategia y, lo más importante, evitar que los planes del candidato muten frecuentemente. La carencia de estrategia lo llevará por los senderos de la derrota, por lo que es muy importante, antes de que de inicio la campaña, determinar la estrategia que se utilizará y hacer adecuaciones, si es necesario, durante el transcurso de la misma.

i. Falta de información

Un noveno error que se comete en las campañas es el tomar decisiones importantes careciendo de información o siendo está de poca calidad. Esto implica desarrollar las campañas sin hacer ninguna tipo de investigación de mercados, diagnóstico de la problemática de la circunscripción electoral, del posicionamiento del partido y candidato, ni una revisión estadística de las tendencias electorales. Es decir, participar en una campaña a ciegas, estando desinformado sobre el terreno en el que se peleará.

La falta de información en una campaña genera el despilfarro de recursos, la definición de estrategias equivocadas, la pérdida de tiempo y, lo más grave, la falta de comunicación con el electorado. Por su parte, una campaña sustentada en información oportuna y de calidad, genera las bases para poder conocer a profundidad a los ciudadanos e impulsar estrategias adecuadas para la conquista del mercado electoral.

Recuerde que la información es poder. Por ello, siempre debe dedicar recursos para tener información que le permita tomar decisiones más acertadas y saber, con cierta precisión, sobre las necesidades, carencias y expectativas de los electores, así como conocer las debilidades y fortalezas de sus adversarios.

j. Falta de seguimiento a promesas de campaña

Un error, también, común que se presenta en las campañas es prometer mucho y no dar seguimiento a la gestión de servicios y obras que se compromete el candidato. De hecho, es muy frecuente que cuando se visitan barrios, colonias y delegaciones durante la campaña, los ciudadanos se acerque al candidato y le hagan peticiones verbales o por escrito sobre alguna problemática en concreto que estén viviendo, creyendo que el candidato les podrá resolver su asunto con oportunidad. Sin embargo, pasa el tiempo y el candidato no ha prestado la atención suficiente a lo demandado, lo que genera que otros candidatos, mucho más habilidosos, atiendan las peticiones de la gente y ganen su voto.

Por ello, es necesario que toda campaña tenga una estructura especial para dar seguimiento y respuesta oportuna a las peticiones que los electores hacen a los candidatos. Muchas veces, lo que la gente quiere no es necesariamente una solución inmediata a su problema, pero si la certeza de que su asunto se está tratando y se le está dando la importancia que el mismo requiere. Por eso, es necesario que la campaña lleve una bitácora pormenorizada sobre las actividades y compromisos adquiridos día tras día, así como, el realizar las gestiones necesarias, informando a los ciudadanos sobre su avances y logros.

k. Falta de liderazgo

Otro error que comúnmente se presenta en las campañas es la falta de liderazgo, de trabajo en equipo y una adecuada dirección de la campaña. De esta forma, quien dirige la campaña, sea el candidato o su coordinador, carece de las habilidades y los talentos necesarios para dirigir un esfuerzo de la magnitud que representa una campaña electoral. Este error se comete debido a que, muchas veces, predomina el amiguismo, la camaradería y el compadrismo en el reclutamiento del equipo de campaña y en la determinación de sus órganos de dirección. Este tipo de errores genera falta de trabajo en equipo, poca profesionalización en las acciones de la campaña y una pésima dirección de la misma, lo que a la postre redunda en magros resultados.

Por ello, se recomienda incorporar a los órganos de dirección de la campaña a profesionales de la política, gente con talento, experiencia y capacidad de dirigir empresas de alta demanda y conflictividad, conocedores del proceso de intercambio político y actores con alta sensibilidad y pericia política.

l. Mala comunicación

Otro error en la conducción de una campaña es la falta de una correcta comunicación entre el candidato, el partido o la campaña misma con los electores. De esta manera, se presenta el candidato con un lenguaje altamente sofisticado, muy técnico o un candidato encartonado y que se ve lejano de la gente, así como con una serie de actitudes elitistas y soberbias que lo distancian de los electores.

Este error se presenta por el desconocimiento del propio candidato de la importancia que tiene cada uno de los electores en una sociedad democrática, ya que considera que el problema no es de él, sino de los ciudadanos que por su bajo nivel cultural y educación no lo entienden, cuando lo adecuado es que el candidato se preocupe por ser entendido por la mayoría de los electores.

Un ejemplo de este tipo de errores se presentó en 1997, en la campaña de Jesús Silva Herzog para ocupar la jefatura del gobierno del Distrito Federal, quién en su primer discurso de aceptación de su candidatura por el PRI señaló que "los problemas del D.F, se debían a la macrocefalia de la ciudad."   Un reportero de Televisa, conocedor del proceso de comunicación y de la semiótica, preguntó a 10 ciudadanos del D.F. qué entendían por macrocefalia. Siete de ellos, desconocieron el término y sólo tres de ellos pudieron señalar que se refería a "niños cabezones o con agua en la cabeza." De esta manera, el candidato priísta estaba señalando, de acuerdo a lo que entendían los electores de la gran capital, que los problemas del D.F tenían que ver con niños cabezones o niños con agua en la cabeza, queriendo decir que los problemas de la ciudad de México se debía a su tamaño, al nivel de crecimiento desproporcionado a la que había llegado la ciudad.

m. Mala reputación de colaboradores

Otro error común en las campañas tiene que ver no sólo con la reputación y fama pública del candidato, sino también con la de sus principales colaboradores. De esta forma, los electores no sólo ponen atención sobre el candidato, sino sobre el equipo que lo acompaña, aquellos que están detrás de su candidatura y que serán también beneficiarios, de una u otra forma, del triunfo del candidato. Estos aliados y "amigos" del candidato, más que ayudar a la campaña, generan el rechazo del elector, la antipatía de lideres y personalidades, así como una gran sospecha ciudadana debido a su pasado.

De esta forma, los electores juzgan como un hombre de buena fe y conducta intachable al candidato, pero señalan que sus apoyadores son verdaderos "delincuentes," personajes del más bajo nivel, quienes se han aprovechado de los cargos públicos para obtener un lucro personal y amasar fortunas a costa del erario público, lo cual es rechazado por los electores.

Por ello, en toda campaña se debe ser cuidadoso en los personajes que se invitan a colaborar en los esfuerzos proselitistas, ya que si son individuos con muy mala reputación y fama pública, lo más seguro es que sean rechazados por los ciudadanos, lo que repercute negativamente en la campaña. Todos pueden ayudar, pero unos deben estar más retirados y apoyar de forma indirecta, sin ser vistos por la gente, pues de lo contrario en lugar de sumar se resta.

n. Sobreoferta

Un décimo cuarto error que se comete en las campañas tiene que ver con la sobreoferta electoral y la demagogia en la que caen muchos candidatos en la búsqueda afanosa del poder público. De esta manera, con el fin de ganar simpatías que se puedan convertir en votos, los candidatos prometen cosas irrealizables, muchas de las cuales ni siquiera están facultados legalmente para resolver.

Tal fue el caso de la campaña para gobernador en Jalisco de Alberto Cárdenas Jiménez postulado por el PAN en 1995 y el caso de Vicente Fox Quesada en la elección del 2000. El primero, sustentó su campaña en dos grandes ofertas políticas muy sentidas por la población, pero en las cuales no tenía incumbencia como gobernador del estado. La primera fue el esclarecimiento del asesinato del ex cardenal Posadas Ocampo y la segunda, el castigo a los responsables de las explosiones del 22 de abril de 1992 en el sector Reforma de Guadalajara. Sin embargo, ambos asuntos era de competencia federal, por lo que hasta hoy día, después de 9 años de la campaña, no han podido ser resueltos a satisfacción.

En el caso de la campaña presidencial de Fox, se prometió un crecimiento de un 7 por ciento del PIB anual, solucionar el problema de la guerrilla zapatista en Chiapas en 15 minutos, crear millones de empleos, desterrar la corrupción y acabar con la pobreza y la marginación. Sin embargo, debido a lo complejidad de los asuntos y la dependencia, de algunos de ellos de variables externas, no se ha podido cumplir con ninguna de ellas, lo que ha generado decepción y desencanto en miles de electores que creyeron en el candidato del cambio.

Por ello, es poco conveniente acudir al expediente de la demagogia con el afán sólo de ganar una elección, si se sabe de antemano que no se puede cumplir con las promesas de campaña. Al respecto, es importante recordar a Rudolph Gulianni, ex alcalde de Nueva York, quien atinadamente señaló que "un buen político es aquel que promete poco y hace mucho, mientras que un mal político es aquel que promete mucho y hace poco."

o. Le falta partido

Otro error común en las campañas electorales que lleva invariablemente a la derrota y el fracaso político, tiene que ver con la aceptación de la postulación como candidato por parte de un partido desacreditado, con falta de estructura, con bajo posicionamiento social y con poca o nula capacidad de propuesta. De hecho, algunos intelectuales de renombre y personalidades de prestigio han caído en la tentación del poder aceptando ser postulados como sus candidatos por partidos pequeños, muchos de ellos de reciente creación, que no tienen la estructura ni la capacidad de permear en la sociedad y logran algunos espacios de poder político.

Tal ha sido el caso, por ejemplo, de Sergio Aguayo, Gilberto Rincón Gallardo y Jorge Alcocer, entre otros quienes fueron postulados en el pasado por partidos políticos nuevos y pequeños, pero que tuvieron éxito en sus empresas debido a la poca aceptación del electorado de este tipo de propuestas. Por ello, antes de aceptar una candidatura se debe evaluar la pertinencia y posibilidad de éxito que se tiene, la trayectoria, posicionamiento y capacidad del partido que lo postula, así como de la fama pública de sus dirigentes.

p. Indecisión y titubeos

Un décimo sexto error que se comete frecuentemente en las campañas tiene que ver con la indecisión y los titubeos en el que caen algunos candidatos, quienes aceptan la postulación del partido en primera instancia, pero poco después, por diferentes motivos, deciden renunciar a la nominación, aunque finalmente regresan a la contienda. Esta inseguridad que muestran los candidatos repercute negativamente en la campaña, afectando sus posibilidades de triunfo y desmotivando al equipo de apoyadores.

Al respecto, hay muchos casos de indecisión, que se pueden citar aquí, en la que caen algunos candidatos. Sin embargo, a guisa de ejemplo, basta citar a Ross Perot en los Estados Unidos en 1993, Roberto Domínguez Castellanos en la Universidad Autónoma Chapingo en 1987 y Tarcisio Rodríguez en Guadalajara en el 2003. Todos ellos, aceptaron la candidatura, después se retiraron y finalmente volvieron a la contienda. Esta indefinición resultó contraproducente, por lo que todos perdieron la elección.

Por lo tanto, es importante evitar este tipo de errores. Si usted participa en política, debe saber que siempre habrá gente que lo apoya y gente que lo criticará. Gente que está con Usted y gente que estará en su contra. Gente que lo sigue y gente que lo detesta. Esta es una especie de ley en la política. Por ello, es importante que esté preparado para enfrentar todo tipo de escenarios, tener la fuerza para seguir adelante, a pesar de la adversidad y nunca titubear en sus decisiones. Si acepta una candidatura siga adelante hasta al final y seguramente alcanzará el éxito buscado.

q. Pelearse con los medios

Otro error común en las campañas se presenta cuando el candidato, el partido o los directivos de la campaña se enfrentan con los medios de comunicación, generando un clima noticioso adverso hacia la propia campaña. Este error se presenta más frecuente de lo que se cree, ya que existen innumerables casos en los que el candidato desestima la importancia de los periodistas y el poder que tienen los medios para moldear la voluntad política del elector.

Un caso muy sonado, por ejemplo, fue el de Carlos Castillo Peraza, postulado por el PAN como candidato a jefe de gobierno del Distrito Federal en 1997, quién se enfrentó a los medios durante la campaña, a raíz de un incidente de "banqueta" con algunos periodistas. A parir de este enfrentamiento, el porcentaje de preferencias electorales cayeron drásticamente perdiendo la elección de manera abrumadora en contra del perredista Cuauhtémoc Cárdenas Solórzano. El enfrentamiento de Diego Fernández de Cevallos y Antonio Lozano Gracia con TV Azteca, por no señalar el de la cantante Lucero, son otros ejemplos en la que la popularidad de políticos se viene abajo por el poder que tienen los medios de comunicación, a pesar de que puedan o no tener la razón.

Por ello, es recomendable mantener una muy buena relación con los medios de comunicación y sus representantes, atendiendo sus requerimientos noticiosos y facilitándoles su labor informativa.

Otro error muy similar a este es el enfrentarse con los grupos de interés que permean a toda sociedad como la iglesia, los empresarios, los sindicatos y las universidades, por señalar algunos. Estos enfrentamientos en etapas electorales restan votos, en lugar de sumar, por lo que se deben evitar, en lo posible.

r. Ser extremista

Otro error también común en las campañas es adoptar posiciones extremas en la política, con plataformas y discursos radicales, proclives a la violencia y el conflicto. En este tipo de error caen muchos de los candidatos generalmente de izquierda, quienes consideran que los cambios políticos se deben dar de inmediato y los problemas se tienen que terminar de raíz, a pesar de que la cultura política y las inercias e interés creados recomiendan realizar cambios más bien paulatinos, graduales.

A guisa de ejemplo, se pueden señalar las campañas de muchos perredistas, quienes han impulsado como parte de sus acciones de campaña desde el cierre de carreteras, toma de instalaciones públicas hasta la quema de autobuses y el secuestro de funcionarios gubernamentales, lo que les ha restado popularidad ante las clases medias y sectores más conservadores de la sociedad. De hecho, este tipo de acciones ha ayudado para que los electores se formen una idea de un partido confrontado, extremista y proclive a la violencia al que difícilmente se le apoyará como una opción real de gobierno.

Por ello, es recomendable la mesura, los equilibrios y la prudencia de los militantes y candidatos tratando de evitar, en lo posible, las confrontaciones innecesarias y la adaptación de postura extremas. Recuérdese que los electores prefieren el centro y votan por candidatos, más bien centristas que radicales.

s. No delegar

Un décimo noveno error que se presenta frecuentemente en las campañas tiene que ver con el estilo de dirección o gerencimiento de la campaña. Es decir, se impone la sinrazón, ya que los candidatos no forman equipos de campaña, no dividen el trabajo y dan funciones y tareas específicas a sus colaboradores, no descentralizan, no delegan, no reconocen, ni motivan el trabajo en equipo.

Este error se presenta un muchas campañas a nivel municipal y local, donde el candidato monopoliza no sólo el control de la campaña, sino todo; convirtiéndose en un mil usos, un sabelotodo, lo que es contraproducente para la misma campaña. De hecho, ha habido casos de una campaña presidencial en la que el candidato asume además la función de coordinador general de campaña, cuestión que técnicamente no es recomendable. Tal fue el ejemplo de Francisco Labastida Ochoa, candidato del PRI a la presidencia de México, quién señaló que el único coordinador de sus campaña era el mismo y no Esteban Moctezuma, lo que generó problemas internos serios y desmotivación en su equipo central de campaña.

Aquí lo recomendable es usar el sentido común, saber delegar, dividir el trabajo y las responsabilidades y, sobre todo, saber demandar resultados.

t. Exceso de confianza

El último error que en este documento se comenta tiene que ver con el exceso de confianza de los candidatos y partidos, así como la creencia de que las simpatías y resultados de las encuestas electorales se convierten automáticamente en votos, por lo que en la jornada electoral y antes de la elección se desatiende el operativo de promoción del voto.

Esto le pasó al PAN en la elección del 2003 y al PRI en el municipio de Guadalajara en el mismo año. Empecemos por este último caso. Jorge Arana, el abanderado priísta en la capital tapatía, creyó que su alta popularidad se convertiría automáticamente en votos por lo que trato de "nadar de muertito durante la campaña," creyendo que su triunfo era irreversible, ya que las diferentes encuestas lo daban como seguro ganador. Sin embargo, Arana no supo administrar su ventaja, ni convertir las simpatías electorales en votos. Al final, perdió la elección. Algo similar, le pasó al PAN en la elección federal del 6 de julio del 2003, ya que este partido creyó que la alta popularidad de Fox se traduciría en votos, lo cual no ocurrió.

Para evitar este tipo de errores, es recomendable más bien la desconfianza, el trabajar más duro si se va a delante y trabajar triple si se va en desventaja. Recuérdese que la incertidumbre es la característica distintiva de toda democracia moderna. Nadie sabe de antemano quién ganará la elección, porque sólo los ciudadanos tienen la última palabra y sólo ellos saben por quién votarán.

3. A Manera de conclusión

Sin duda, que en las campañas se presentan más de los 20 errores aquí señalados, como puede ser la desatención por el candidato o partido de la defensa legal del voto o un pobre seguimiento a lo contencioso electoral o un acto de corrupción cometido por el gobernante en turno de su partido, por señalar algunos.[12] Sin embargo, los errores aquí enlistados son las más comunes, por lo que se deben analizar y, sobre todo, evitar que se presenten en su campaña y así generen efectos negativos. Recuérdese que entre menos errores se cometan, más se incrementa las posibilidades de éxito de su campaña. Para evitarlos, busque profesionalizar su campaña, incorporar talentos y perfiles. Recuerde que una campaña exitosa es una campaña bien cuidada, unida, compacta y capaz de movilizar las emociones y sentimientos de los electores.

Cuando participe en política electoral, recuerde también que hay campañas que tienden a autodestruirse, que acumulan error tras error. Tal fue el caso, por ejemplo, de la campaña para ocupar la presidencia municipal de Guadalajara en el año 2003 de Jorge Arana Arana, postulado por el PRI, quién contando con más de 20 por ciento de preferencias electorales por arriba de su más cercano competidor, el panista Emilio González Márquez, a sólo tres meses de la elección, perdió la contienda por los innumerables y persistentes errores que cometió.

Finalmente, recuerde, como dice Joseph Napolitan, que los errores suceden. Lo importante es no emplear tiempo en lamentaciones, sino lo que hay que hacer de inmediato es decidir cómo afrontarlos.

---

[12] Gary Nordlinger apunta otros seis errores: el no evaluar si el mensaje está llegando a la gente, el usar demasiados mensajes dispersando la atención de los ciudadanos, no mantener los anuncios el tiempo suficiente en los medios para permitir su posicionamiento, el que los anuncios no relaten una historia con la que los electores se identifiquen, apartarse de la estrategia original como reacción a la estrategia del oponente y no guardar dinero suficiente para la etapa final de la campaña.

Capitulo Ocho

La Gestión del Conocimiento
en las Campañas Electorales

1. Introducción

Las campañas electorales son procesos de persuasión y movilización electoral impulsadas por los partidos políticos, sus candidatos y grupos de interés con el fin de obtener los votos necesarios para ganar una posición de representación pública. Son procesos políticos evolutivos, sustentados en el conocimiento profundo, tanto de la situación que guardan los mercados electorales, así como del trazo estratégico necesario para ganar la elección, en las que se incluye, por supuesto, el conocimiento de las fortalezas y debilidades de sus principales adversarios, así como del entorno y las circunstancias en la que se realiza la elección.

Es decir, toda campaña electoral implica un conjunto de información y conocimientos que requieren ser gestionados y optimizados, con el fin de convertirlos en una ventaja competitiva sustentable en la disputa del poder político, para fortalecer, de esta forma, el nivel competitivo de la organización política impulsora de dicha campaña.

Ahora bien, en el campo de las campañas electorales la gestión del conocimiento y su conversión en ventaja competitiva es un tema poco estudiado, ya que existe la creencia de que las campañas electorales son procesos efímeros y cambiantes. Es decir, se parte del supuesto de que cada campaña es diferente y que el conocimiento generado en una campaña no puede ser útil para otra. Sin embargo, existen evidencias empíricas que refuerzan la idea de que los aprendizajes generados en un proceso electoral pueden ser útiles para enfrentar otros en el futuro y que el conocimiento de la dinámica de las campañas y su articulación estratégica es un capital intelectual muy importante para elevar el nivel de competitividad de la organización.

La administración o gestión eficiente del conocimiento estratégico en las campañas electorales y de los instrumentos y espacios para su creación y transmisión aumenta el capital intelectual de la organización y la hace más competitiva políticamente, en una perspectiva de mediano y largo plazo.

En este orden de ideas, el presente capítulo tiene como objetivo el estudiar el proceso de gestión del conocimiento en las campañas electorales y su potencial conversión en ventaja competitiva en la disputa por los espacios de representación pública en los regímenes políticos de impronta democrática.

2. Estado del arte

La gestión de conocimiento (del inglés *Knowledge Management*) es un término surgido a principios de la década de los noventas en el campo empresarial, que ha adquirido mucha popularidad en los últimos años y que puede definirse como el conjunto de procesos que dirigen el análisis, diseminación, utilización y traspaso de experiencias, información y conocimientos entre todos los miembros de una organización para generar valor.[13]

Este es un concepto aplicado en las organizaciones, que busca transferir el conocimiento y la experiencia existente entre sus miembros, de modo que pueda ser utilizado como un recurso disponible para otros en la organización.

Usualmente, el proceso implica técnicas para sistematizar, difundir y transmitir el conocimiento, para transformarlo en un activo intelectual que preste beneficios y se pueda compartir con otros miembros de la organización.[14]

Para Juan Carrión Maroto (2008), la gestión del conocimiento es el conjunto de procesos y sistemas que permiten que el capital intelectual de una organización aumente de forma significativa, mediante la gestión de sus capacidades de resolución de problemas de forma eficiente con el objetivo final de generar ventajas competitivas sostenibles en el tiempo.

De acuerdo a Canals (2003) es una disciplina que se responsabiliza de generar las condiciones adecuadas para la creación colectiva de nuevos conocimientos, sus procesos, herramientas y métodos. La gestión del conocimiento ayuda a facilitar la toma de decisiones, reducir el riesgo, apuntala la innovación y la creatividad, mejora el desempeño y, sobre todo, crea un capital intelectual[15] en las organizaciones.

Se trata de la tarea de desarrollar y explotar los recursos tangibles e intangibles del saber de una organización, como las experiencias, habilidades y conocimientos de los empleados, el saber cómo (*know how*), las mejores prácticas (*best practices*) y los recursos informativos y formativos en general que posean la organización.

Finalmente, para Bustelo y Amarilla (2001), la gestión del conocimiento es todo el conjunto de actividades realizadas con el fin de utilizar, compartir y desarrollar los conocimientos de una organización y de los individuos que en ella trabajan, encaminándolos a la mejor consecución de sus objetivos.

Las organizaciones sustentadas en el conocimiento aprenden a manejar la incertidumbre, gestionan el caos y descubren las causas que provocan efectos. Además, afrontan situaciones cada vez más complejas, cambiantes, inciertas e interrelacionadas. Asimismo, desarrollan pensamiento y conocimiento estructurado y estratégico prospectivo, el know how (saber cómo) y el know why (saber por qué).[16]

---

[13] Véase Gestión del Conocimiento, Training and Development Digest, mayo del 2000.
[14] Véase Gestión del conocimiento en http://es.wikipedia.org/wiki/Gesti%C3%B3n_del_conocimiento, fecha de consulta: 23 de octubre del 2010.
[15] Véase Leif Edvinsson ; Michael S. Malone. *El capital intelectual*. Barcelona: Gestión 2000, 1999
[16] *Moisés Zúñiga Martínez* Gestión del Conocimiento: Hacia una Ventaja Competitiva en las Empresas en http://www.infosol.com.mx/espacio/cont/trinchera/gestion_conocimiento.html

3. La gestión del conocimiento en la política electoral

En el ámbito político electoral, el conocimiento es un frente estratégico muy importante en la lucha por conquistar y conservar espacios de poder. Desde finales del siglo XVI, Sir Francis Bacon señalaba que "la información es poder." Es decir, para tratar de acceder y conservar los espacios de representación pública era imprescindible el contar con información oportuna y relevante para la toma de decisiones y para influir también en el comportamiento de los demás. Hoy día, el poder no sólo lo representa la información con la que se dispone, sino también el conocimiento, entendido este como el conjunto de informaciones y de saberes teóricos, prácticos (habilidades, destrezas y competencias) y tecnológicos que poseen los individuos y sus organizaciones, mismos que han sido adquiridos a través de la experiencia y/o la educación.

El poder debe ser entendido como un conjunto de relaciones e interrelaciones entre personas. De acuerdo a Robbins (1987) el poder es la capacidad de un individuo para influenciar decisiones. Para ser más competente en los procesos de influencia es muy importante el poseer conocimientos profundos sobre el sistema político en su conjunto y sobre la dinámica del poder, así como de las reglas formales e informales que regulan la competencia política, entre otras cosas. Desde una perspectiva más moderna se puede entender al poder como la capacidad de lograr que las cosas se hagan de la mejor manera posible, ya no sólo el tener control y autoridad sobre otros.

El conocimiento es un recurso escaso e insustituible que sustenta el desarrollo y potencializa las posibilidades de éxito en la política, ya que hoy día, lo que genera poder son los saberes, las competencias, la experiencia y las habilidades interpersonales para poder construir confianza, credibilidad y reputación y de esta manera poder incidir en la conducta y comportamiento de los ciudadanos. De hecho, las nuevas fuentes de poder, en una sociedad democrática, son la credibilidad, la confianza y la reputación social, mismas que se construyen en una perspectiva de mediano y largo plazo.

Si se conoce que es lo que necesita, quiere y desean los ciudadanos, así como el proceso de construcción y erosión de la confianza, la credibilidad y la reputación e influencia, entonces, se tiene una ventaja competitiva en la lucha por ocupar los diferentes espacios de representación política. Si no se tiene esa información, ni los conocimientos necesarios entonces habrá más posibilidades de que la competencia ocupe los espacios de poder público.

De igual forma, si existen las competencias, las habilidades y los conocimientos necesarios para realizar un buen trazo estratégico con el fin de poder superar a los adversarios y atinarle una contundente derrota, entonces el éxito político está garantizado, ya que el poder político se gana o se pierde a nivel estratégico y táctico.

En las campañas electorales, el conocimiento se genera por la gran diversidad de casos y experiencias exitosas y fracasadas en la que inciden diferentes factores para determinar el resultado de la elección. El conocimiento se genera en todo el proceso, desde la etapa de las precampañas, las campañas constitucionales y hasta la post campaña, así como en los frentes del diagnóstico del mercado electoral, el de la comunicación e imagen, el de la organización y la movilización electoral hasta el del cuidado y defensa del voto.

En los partidos políticos, se presenta ciertos problemas en lo referente a la transmisión y difusión de los conocimientos que se generan durante las campañas electorales, ya que no existe la tradición de realizar una sistematización y recuperación de las experiencias de proselitismo electoral. Solo en algunos casos aislados, son académicos o dirigentes o militantes partidistas quienes hacen un esfuerzo por estudiar y sistematizar dichas experiencias, aunque no es una práctica común.

En este sentido, los actores principales en la gestión del conocimiento son individuos que a cuenta y con recursos propios hacer el esfuerzo de la gestión, pero generalmente no existen políticas institucionales o áreas especializadas dentro de la estructura partidista, quienes le dan seguimiento a este tipo de cuestiones tan importantes para el desarrollo de la organización partidista.

4. La gestión del conocimiento en las campañas electorales

Se ha comentado, uno de los frentes más importantes en toda campaña electoral es el frente del conocimiento. Este frente, parte del principio de que el conocimiento es poder, ya que el partido o candidato que tenga información oportuna y relevante, así como disponga de un mayor conocimiento sobre los votantes, conozca a profundidad a sus adversarios, conozca la elección y, sobre todo, conozca el contexto de la elección y se conozca a sí mismo (sus fortalezas y debilidades), tendrá mayores ventajas competitivas para resultar vencedor en la disputa por los espacios de representación pública.

Toda campaña electoral exitosa se sustenta, al menos, en un penta conocimiento. Es decir, en cinco tipos de conocimientos. El conocimiento de los votantes, el conocimiento de los adversarios, el conocimiento de la elección, el conocimiento del contexto y el conocimiento propio.

a. Conocimiento de los votantes

Sobre los electores, es importante conocer sus necesidades, problemas, expectativas, deseos, sueños, humores, emociones y sentimientos. Saber cómo ha votado históricamente la ciudadanía a nivel general y, en lo particular, hasta sección por sección electoral. Conocer qué es lo que los mueve, qué afecta o impacta su conducta y comportamiento político, saber de psicología de masas y, sobre todo, conocer a profundidad sobre sus filias y fobias políticas, sus simpatías y antipatías en materia electoral.

Si se parte de un mal diagnóstico de la situación que prevalece en una elección y del estado de ánimo de los votantes, entonces es de esperarse que la intervención estratégica sea equivocada y, en consecuencia, los resultados obtenidos puedan ser fallidos. Por el contrario, si se parte de un conocimiento y un diagnóstico oportuno y certero de la realidad y de los votantes, entonces la formulación estratégica para su organización y movilización electoral puede ser exitosa y los resultados, en consecuencia, pueden ser satisfactorios.

Para el conocimiento de los votantes, se puede hacer uso de métodos tanto cuantitativos como cualitativos, ya que las encuestas y sondeos de opinión o sobre las preferencias electorales son "fotografías" del momento, mientras que las entrevistas a profundidad, los grupos focales y el panel de expertos son una especie de "radiografía" que posibilita una profundización de los estudios sobre el comportamiento y la conducta de los electores.

b. Conocimiento de los adversarios

Zun Tzu señala en el Arte de la Guerra *"Conoce al enemigo y conócete a ti mismo y en cien batallas no correrás jamás el más mínimo peligro."* En una campaña electoral es muy importante conocer al adversario. Saber de sus fortalezas y sus debilidades, conocer los antecedentes de sus candidatos, sus relaciones, el monto y origen de los recursos que utilizan en las campañas, conocer sus estrategia, diagnosticar cuál es la imagen o percepción que tiene la sociedad sobre ellos, conocer cuál es la identidad y el conocimiento de sus candidatos por parte de los ciudadanos, grabar todas y cada una de sus declaraciones e indagar a profundidad sobre su record en la esfera pública y privada.

De igual forma, es muy importante saber sobre su familia y su círculo cercano, así como su equipo de campaña (antecedentes, relaciones, conflictos y escándalos pasados y presentes) y sobre todo, de la inteligencia emocional y verbal de sus candidatos, para saber si son fáciles de provocar y conocer sobre su capacidad para el debate y la argumentación política.

Sobre este punto, además del seguimiento a través de sus declaraciones en los medios de comunicación, es recomendable acercarse a los grupos de disidentes o personal inconforme, ya que siempre hay algún resentido que puede dar información relevante de los adversarios, que ayude significativamente en la campaña.

c. Conocimiento de la elección

Si conocer a los electores y conocer al adversario son reglas de oro para el diseño de la estrategia electoral, no menos importante es el conocimiento de la elección. Saber de qué se trata en esta elección, cuáles son los temas correctos que movilizan emocionalmente a los electores, qué está en juego en la elección, qué tipo de elección se trata (si es concurrente o no con otro tipo de elección), conocer el marco normativo que regula la elección y, sobre todo, conocer el comportamiento de los votantes en elecciones pasadas comparables. Es decir, en elecciones similares en, al menos, los últimos diez años.

El conocimiento de la elección implica también saber sobre las apuestas que los diferentes grupos facticos de poder tienen en la contienda, las circunstancias en las que se desarrolla la elección y las oportunidades y amenazas que se presentan en la coyuntura electoral para los diferentes competidores.

d. Conocimiento del contexto

Conocer el contexto en la que se realiza la elección también es muy importante. Saber cuáles son las oportunidades y las amenazas para el partido y sus candidatos, así como cuáles son estas oportunidades y amenazas para los adversarios.

Conocer el contexto de la elección implica saber si ésta se presenta en un contexto de crisis o bonanza económica, bajo un contexto de guerra o de paz, con antecedentes de un buen o mal gobierno, bajo un contexto de escándalos políticos o no. En fin, el conocimiento del momento de la elección y los temas de coyuntura, así como una mirada global sobre el "bosque" y no sólo sobre el "árbol" son aspectos también muy importante a considerar dentro de toda campaña electoral.

e. El autoconocimiento

Finalmente, es importante también el conocimiento de las fortalezas y de las debilidades propias con el fin de confrontar las principales fortalezas con las principales debilidades de los adversarios. Saber, por ejemplo, sobre los temas y puntos de la agenda electoral en que se es fuerte y en las que es más fuerte el adversario.

Como institución partidista es importante también conocer ciertos aspectos controvertidos del pasado de los candidatos y sus equipos de campaña, saber de qué se les va a atacar y cómo se van a defender y, sobre todo, conocer puntos vulnerables y temas polémicos sobre los candidatos y partidos propios que pueden afectar o incidir en la campaña.

En suma, una adecuada gestión del conocimiento y de la información genera una serie de ventajas competitivas para superar a la competencia y estar en condiciones de disputar exitosamente el poder político y poder conservarlo en una perspectiva de mediano y largo plazo. Ganar una elección constitucional depende, en gran medida, del conocimiento que sustente el planteamiento y la articulación estratégica de la campaña.

5. Comentarios adicionales

Vivimos en un mundo altamente competitivo, en la que el éxito depende crecientemente del conocimiento que sustente los procesos y prácticas cotidianas de los actores y las organizaciones políticas. Esta centralidad del conocimiento implica no sólo la disposición de información oportuna y relevante para la toma de decisiones, sino también el conjunto de saberes, competencias, habilidades, destrezas y la astucia necesaria para el éxito en la disputa por los espacios de representación pública. Es decir, el conocimiento es un bien intangible que se convierte en la principal ventaja competitiva.

En las campañas electorales, el conocimiento se transforma en una ventaja competitiva para superar a la competencia. La adecuada gestión de este conocimiento posibilita que las organizaciones partidistas y los actores políticos sean más competitivos en los procesos electorales y con mayor frecuencia salgan victoriosos de las confrontaciones por los espacios de representación pública.

El conocimiento se convierte en ventaja competitiva cuando se transforma en articulación estratégica, cuando se transita de la formulación teórica a la aplicación concreta, cuando el conocimiento moldea y orienta la decisión política sobre el rumbo y las acciones que se desarrollan durante la campaña electoral y cuando los saberes aplicados generan resultados tangibles y medibles.

Las ventajas que se generan al usar el enfoque de la gestión del conocimiento en el proceso de mejoramiento del nivel de competitividad de las organizaciones políticas, al menos, son tres. Primero, una mayor certidumbre sobre el impacto que tendrá la articulación estratégica en la conducta y comportamiento de los votantes. Segundo, un mejor resultado en los indicadores que definen el éxito de una campaña electoral. Y, tercero, un mejor control sobre el proceso persuasivo y sobre las variables y factores que inciden en el resultado final de una elección.

La gestión del conocimiento puede entenderse como un conjunto de procesos y sistemas que contribuyen a aumentar, en el talento humano, las capacidades de resolver los problemas de forma eficiente y alcanzar los objetivos estratégicos que se han establecido. El manejo de la información y el uso de las nuevas tecnologías de la información y las telecomunicaciones forman parte de la gestión del conocimiento, junto al conocimiento profundo de los ciudadanos y la aplicación de las estratégicas y tácticas necesarias para incidir en su conducta y comportamiento político.

Durante una campaña electoral, el conocimiento se sustenta en las capacidades, habilidades, destrezas y saberes de los candidatos, dirigentes partidistas y militantes y simpatizantes. De hecho, las campañas electorales son grandes espacios para el aprendizaje político, donde se generan nuevos conocimientos, se aplican nuevas tecnologías y se posibilita el aprendizaje y la formación estratégica y táctica de cuadros partidistas. A través de las campañas electorales, se formar los nuevos liderazgos y se crea la experiencia política necesaria para alcanzar el éxito en la nueva sociedad del conocimiento.

Capitulo Nueve

Competitividad en Campañas Electorales

El término competitividad se utiliza, principalmente, en el sector empresarial, para referirse a la capacidad de una organización para competir en el mercado logrando su supervivencia y desarrollo (Porter, 1995 y 1996, Begg 2002, Sobrino 2002). Este término alude, además, al proceso de generación y difusión de competencias, a las capacidades de determinadas empresas y naciones para actuar exitosamente en un mundo globalizado.[17]

De acuerdo a Porter (1995), se entiende por competitividad a la capacidad de una organización de mantener sistemáticamente ventajas comparativas que le permiten alcanzar, sostener y mejorar una determinada posición en su entorno. Competitividad significa un beneficio sostenible y es el resultado de una mejora de calidad constante, así como de su capacidad innovadora. La competitividad es un aspecto determinante en la vida de las empresas, de tal forma que su éxito o fracaso en el mundo globalizado dependerá de sus ventajas competitivas.

Si bien el paradigma de la competitividad se ha desarrollado históricamente en la empresa, esto no implica que no se pueda utilizar en otras áreas de la vida nacional, como lo es la política y, en lo particular, en las campañas electorales, campos también altamente competidos.

La política y la competitividad tradicionalmente aparecen como áreas distanciadas con pocas cosas en común. Esto, por ejemplo, se ve reflejado en la cantidad y calidad de estudios e investigaciones que se hacen al respecto. De hecho, las campañas político-electorales han sido abordadas, a pesar de su importancia, sólo de manera superficial e insuficiente desde la perspectiva del paradigma de la competitividad.

La literatura especializada habla, más bien, de elecciones competitivas, semi-competitivas y no competitivas para referirse al predominio y vigencia de ciertas libertades y derechos cívico-políticos. De esta manera, por ejemplo, de acuerdo a Nohlen (1981) en las elecciones competitivas, propias de los sistemas democráticos, el ciudadano ejerce el sufragio libremente y existen opciones reales para elegir. Las elecciones son semi competitivas si existen ciertas libertades de elección, pero éstas se encuentran limitadas, ya sea por el Estado o algún factor de poder. Estas elecciones son propias de sistemas autoritarios. Las elecciones no competitivas, propias de sistemas totalitarios, no existe la libertad de elección, no hay opciones reales para elegir (solo una), predominando el control y la coacción del elector.

---

[17] Enrique Cabrero, Alicia Ziccardi e Isela Orihuela, Ciudades competitivas. Ciudades Cooperativas: Conceptos claves y construcción de un índice para ciudades mexicanas, www. cide.mx fecha de consulta 20 de agosto del 2004.

Por tal motivo, en este capítulo se describe las campañas electorales desde la perspectiva del paradigma de la competitividad. Se enlistan las características distintivas de las campañas competitivas, así como se elaboran algunas topologías de las mismas. Finalmente, se construyen algunos indicadores de competitividad aplicados a las campañas político-electorales.

Abordaje conceptual

Existen dos términos que, a simple vista, significan lo mismo, pero que, en realidad, son diferentes. El primero es el de campaña competitiva y el segundo el de campaña competida. La competitividad es definida como la capacidad (habilidad, destreza, conocimiento, saberes, cualidades, inteligencia) de competir o de superar a la competencia. Por su parte, la campaña competida se refiere al nivel de la disputa electoral, refiriéndose, generalmente, a las campañas altamente disputadas o parejas.

Esto es, en la política, ser competitivo implica no sólo el conocer el sistema político (las reglas del juego) y poseer habilidades de dirección y comunicación, sino además, el lograr un alto nivel de visualización social (ser conocido), tener una buena imagen (ser percibido como persona capaz, honesta y responsable) y alcanzar una alta rentabilidad electoral (capaz de ganar la confianza del ciudadano y su voto). En la política electoral, además el término competitividad está muy relacionado con el de rentabilidad electoral, entendido este último como la capacidad de ganar votos en una elección.

La competitividad implica una posición relativa respecto de los demás. Es, de cierta manera, una relación que se establece entre pares en la búsqueda de la supervivencia y el liderazgo. Porter (1995) define a la competitividad, como lo señalamos anteriormente, como la capacidad de una organización para desarrollar y mantener sistemáticamente ventajas competitivas, que le permitan disfrutar y sostener en el tiempo una posición destacada en el entorno en que actúa.

Para fines del presente ensayo, se entiende por competitividad la capacidad de una organización (partido, candidato, equipo de campaña, directivos, etc.) para lograr un alto nivel de posicionamiento (improntación) electoral y un mayor número de sufragios respecto de sus competidores, ganando, en consecuencia, un mayor número de espacios de representación pública. Es decir, la competitividad implica la capacidad de conquistar los mercados y constituir exitosamente mayorías electorales duraderas.

La competitividad es una construcción colectiva, es el resultado de una combinación de factores y recursos que se conjugan en una campaña y que se relacionan con el contexto o entorno en el que se desarrollan. Las competencias se adquieren, se movilizan y se desarrollan continuamente.

Tipología

Podemos identificar varios tipos de competitividad. La interna y la externa. La primera se refiere a la capacidad de corrientes grupos y personajes que existe al interior de las formaciones políticas para ganar el voto de sus pares y ocupar espacios de representación, manifestándose, principalmente, al momento de la elección de dirigentes partidistas y candidatos a los diferentes puestos de elección popular. Por su parte, la competitividad externa tiene que ver ya con la contienda constitucional e implica la capacidad de disputar los espacios de representación pública con otras opciones políticas a través de la conquista de los votos de los electores.

Al respecto, hay que señalar que no siempre hay coincidencias entre la competitividad interna y la externa. Muchas veces, el nivel de competitividad al interior de las organizaciones por el cargo de dirección o por la postulación a cargos de elección popular es muy alta, sin embargo, el nivel de competitividad externa es muy baja.

En otro orden de ideas, es necesario decir que toda campaña electoral se sustenta en estrategias competitivas, las cuales pueden ser genéricas o particulares (específicas). Las estrategias genéricas, como su nombre lo indica, son de amplio alcance y, habitualmente, se aplican sobre la totalidad de la organización. Por su parte, las estrategias específicas están más direccionadas y tienen un alcance menor.

Lo recomendable es que los partidos impulsen estrategias competitivas genéricas, mientras que los candidatos deben apoyar las estrategias competitivas más particularizadas. Esto es, los partidos deben preocuparse, centralmente, por el nivel de debate sobre los asuntos públicos, el posicionamiento de la organización, la vida interna y la imagen de la institución, mientras que los candidatos deben enfocar sus esfuerzos, principalmente, a ganar votos.

Existen diversos factores que estimulan o inhiben la competitividad. Los de nivel macro y los de nivel micro. Los primeros son factores generales que inciden en el desarrollo de las contiendas electorales como el tipo y carácter de la legislación electoral (bipartidismo o pluripartidismo), el clima político (armonía o canibalismo) existente al interior de las organizaciones partidistas y del mismo sistema político, así como, los estímulos o recompensas que se perciben como resultado de la participación en la política (beneficios económicos, políticos y sociales). Los factores micro son de carácter más particular y tienen que ver con la motivación de los actores políticos, la capacidad de organización, los recursos con los que se cuenta, así como las capacidades y talentos que se incorporen a la campaña, entre otros.

Características de campañas competitivas

Sólo las campañas altamente competitivas logran el éxito en las elecciones. Las características de este tipo de campañas tienen que ver con sus recursos, sus acciones y predicciones. Las siguientes son las más importantes.

Primero, ante la escasez de recursos de todo tipo, una campaña es competitiva si es capaz de agenciarse mayores recursos (económicos, humanos, materiales y tiempo) y los sabe usar de mejor manera que sus competidores.[18]

Segundo, una campaña es competitiva si es capaz de lograr una mayor visibilidad de sus candidatos, partido y propuestas programáticas, así como de ganar la confianza y el sufragio mayoritario de la gente.

Tercero, una campaña es competitiva si tiene la capacidad de convertir las debilidades propias en fortalezas y las fortalezas de sus adversarios en debilidades.

Cuarto, una campaña competitiva es capaz de adecuarse al entorno cambiante, continuo, complejo e incierto. Es decir, es capaz de adecuarse y sobrevivir a la nueva realidad política, donde lo único constante es el cambio y lo único cierto es la incertidumbre.[19] Un medio político hipercompetido tanto al interior de las organizaciones partidistas como a su exterior.

Quinto, una campaña competitiva es aquella que logra el éxito, a pesar de los contratiempos y obstáculos que encuentra en el camino, siendo hábil para superar a la competencia, capaz para incorporar talentos creativos y de adquirir conocimientos de frontera, asimilarlos y aplicarlos a sus acciones y procesos cotidianos.

Sexto, una campaña competitiva aprende, innova y es capaz de responder rápidamente y con inteligencia a los ataques, estratagemas y planes de la competencia y los adversarios políticos. Recuérdese que la mejor estrategia es aquella que va dirigida a destruir la estrategia del adversario.

En suma, la competitividad de una campaña tiene que ver con la habilidad y eficacia para poder conquistar una porción del mercado electoral lo suficientemente amplia para ganar la elección.

Partidos y candidatos competitivos

La competitividad se da a nivel de organizaciones, procesos e individuos. De esta forma, encontramos partidos más competitivos, campañas más competitivas y candidatos más competitivos que otros. Quien concentra estos tres tipos de competitividad generalmente logra el éxito de la elección y en la política.

La competitividad debe ser visualizada y desarrollada por la organización como un proceso sustentable e integral, con una visión sistémica del proceso político como totalidad en la que no sólo los partidos, candidatos y equipos de campaña sean

---

[18] Por ejemplo, un mayor financiamiento externo proveniente de fuentes alternas, legalmente reconocidas.
[19] VILLAREAl, R. Y Villareal T. IFA: La empresa competitiva sustentable en la era del capital intelectual, México. Mc Graw Hill, 2003.

competitivos, sino también sus estrategias, su organización y la forma que utilizan los recursos, así como los gobiernos salidos de sus filas. La competitividad debe ser sustentable, entre otras cosas, porque ninguna ventaja es inmutable, ya que éstas se vuelven obsoletas en poco tiempo.

Un partido competitivo impulsa una campaña permanente con una visión sistémica. No hay tregua ni descanso, siempre está trabajando. Es decir, se preocupa por ganar las elecciones, pero sobre todo, por ejercer un gobierno responsable y eficiente, ve más allá de la gesta electoral, trabajando permanentemente por satisfacer las expectativas de los ciudadanos.

La innovación y el capital intelectual son insumos importantes para los partidos en la generación de las ventajas competitivas. Un partido con visión de futuro debe construir diversas estrategias y tácticas para lograr una competitividad de cuño sustentable.

Por su parte, un candidato competitivo es aquel que goza de una buena imagen pública, tiene una trayectoria y experiencia importante, posee una alta capacidad de dirección y comunicación (habilidades directivas), ha acumulado conocimientos y saberes, así como asegura una alta rentabilidad electoral.

Además, ante el hecho de que los partidos y candidatos cambian muy frecuentemente sus estrategias, un candidato competitivo es aquel capaz de adecuarse a los cambios y de responder con oportunidad e inteligencia a los retos que presenta la coyuntura electoral.

Ventajas competitivas

Las campañas logran diferenciarse y ser exitosas debido a una serie de cualidades y estrategias implementadas, que se denominan ventajas competitivas. Estas son definidas como las características o atributos que posee toda campaña que le da cierta superioridad sobre sus competidores.

La ventaja de una campaña se encuentra, principalmente, en sus habilidades, recursos, conocimientos, su capital humano y el uso de las nuevas tecnologías para la persuasión. Cada formación política debe conocer cuales son sus ventajas comparativas con respecto de su competencia y de que manera las puede utilizar inteligentemente para ganar la elección.

Estas ventajas se dividen en estáticas y dinámicas. Las primeras tienen que ver con la creación de una estructura territorial del partido, con los recursos materiales (infraestructura) con los que cuenta y, sobre todo, con el historial del partido y del candidato. Estas ya existen y difícilmente pueden cambiar o lo hacen muy lentamente.

Por su parte, las ventajas dinámicas, que son construidas, son mucho más amplias. Incluyen, entre otras cosas, el nivel de institucionalización de la organización; el posicionamiento del partido y del candidato en el mercado electoral, incluyendo el número de militantes y simpatizantes con los que cuenta la organización; el tipo de candidato postulado (su carisma e imagen, su inteligencia verbal, su trayectoria, experiencia y honorabilidad); el grado de legitimización de la candidatura (producto de un proceso democrático); la circunstancia del escenario macroeconómico (economía estable, en crecimiento o en crisis); el nivel de eficiencia de la administración pública (gobierno de resultados, responsable, cercano a la gente y honesto); la innovación tecnológica que se incorpora a la campaña (tecnomarketing); los recursos humanos capacitados (entrenamiento y educación); el grado de unidad y motivación del equipo de campaña; la calidad y pertinencia de la propuesta programática; el tipo de estrategia proselitista y de comunicación persuasiva utilizada, así como el monto de los recursos económicos con los que se dispone.

Toda campaña es influenciada, también, por ciertas determinantes principales de la competitividad que, están muy ligadas al concepto de ventajas. Estas son la cantidad y calidad del capital humano (habilidades, conocimientos, destrezas, saberes), los recursos económicos con los que cuenta, la tecnología e infraestructura disponible, así como el nivel de posicionamiento político que logra y el número de votos que conquista.

Además de las ventajas, toda campaña requiere contar con estrategias competitivas que no son más que la forma concreta que adapta la política para aumentar sus competencias técnicas, persuasivas y organizacionales. Sin embargo, es importante señalar que las nuevas estrategias en la política son de movimiento, no de posiciones (D`Aveni, 1994). Es decir, el reto es como mejorar la posición competitiva en el mercado electoral aumentando la velocidad y la capacidad de respuesta, cerrando la brecha de la competitividad con el líder y ampliándola con el competidor que viene detrás, siempre en movimiento (Villareal, 2003).

Las campañas competitivas presentan un gran número de ventajas como lo son el superar a la competencia, conocer a mayor profundidad el mercado, adoptarse mejor al cambio y lograr una excelente organización. Sin embargo, también poseen ciertas desventajas, ya que se enfocan permanentemente hacia la conquista del mercado electoral, muchas veces sin reparar en los medios utilizados, lo que genera un cuestionamiento ético. Por el otro, algunas veces, por los excesos en los que se cae, se produce una saturación mediática y el hartazgo no sólo de los integrantes del equipo de campaña, sino de los propios electores, amen del desgaste y estrés permanente que se genera entre los competidores.

Niveles de competitividad

Las campañas electorales presentan diferentes niveles de competitividad, de acuerdo a su capacidad para conquistar la confianza y el sufragio de los ciudadanos. De esta forma, encontramos campañas con bajo, intermedio, alto y muy alto nivel de competitividad.

Las primeras son generalmente campañas caóticas y desorganizadas, que postulan a candidatos con un pobre historial, sin experiencia en la política y carentes de las más mínimas habilidades directivas, organizadas por partidos amateurs, prácticamente desconocidos por los votantes. Son campañas que difícilmente logran atraer el interés de los electores, generando desconfianza y rechazo por parte de la ciudadanía.

Las campañas con un intermedio nivel de competitividad son aquellas que consiguen cierta visibilidad y posicionamiento en el mercado, pero que no logran trascender. Son campañas improvisadas, que no han sabido incorporar talentos, capacidad organizativa, ni tecnologías gerenciales en sus procesos. Son campañas que logran, con dificultad, el porcentaje de votos necesarios sólo para mantener el registro legal del partido, pero nunca alcanzan el triunfo electoral.

Las campañas con un alto nivel de competitividad son ejercicios proselitistas sofisticados que han incorporado los nuevos conocimientos y saberes de la mercadotecnia política y el gerenciamiento de los procesos electorales. Son campañas profesionalizadas, dirigidas por especialistas, pero que son frecuentemente superadas por la competencia. Son campañas altamente protagónicas, que logran "dar la pelea" con los competidores, pero que van atrás de la competencia. Logran ser ocasionalmente exitosas, debido más a las debilidades y errores de los adversarios que a las fortalezas propias.

Las campañas con un muy alto nivel de competitividad son siempre exitosas. Son ejercicios proselitistas altamente profesionalizados y organizados, que se fundamentan en los conocimientos de frontera sobre los temas de la mercadotecnia política, la gerencia de campañas, la psicología, la administración y la ciencia política. Este tipo de campañas son ejercicios políticos inteligentes que se sustentan en el desarrollo tecnológico, el conocimiento preciso y profundo del elector, el desarrollo organizacional y del capital humano, así como en conocimientos de frontera en materia de persuasión y proselitismo político-electoral.

Indicadores para medir la competitividad

La competitividad de una campaña se mide por las habilidades y la inteligencia destacadamente mayor que posee sus directivos (candidato, partido, coordinador de campaña, etc.), por encima de sus competidores. Para medir el grado de competitividad se debe hacer uso de ciertos indicadores, obtenido a través de la investigación cuantitativa.[20] Algunos de estos indicadores, más importantes, para medir el nivel de competitividad de una campaña son los siguientes.

---

[20] Resulta difícil construir indicadores para medir la competitividad de las campañas electorales. Esto se debe a varias razones. Primero, porque las campañas son ejercicios proselitistas temporales con una duración muy limitada de tiempo. Segundo, no es fácil poder medir el grado de persuasión o convencimiento de los electores, solo su simpatía y su voto.

a. Nivel de conocimiento por parte de los ciudadanos del partido o candidato. (altamente conocido, poco conocido o no conocido por los electores).

b. Nivel de aprobación o rechazo por parte de los ciudadanos del partido o candidato (opinión favorable o desfavorable).

c. Número de militantes y simpatizantes reconocidos

d. Número de votos recibidos por el partido en elecciones pasadas

e. Número de espacios de representación popular ganados en elecciones pasadas

En toda campaña, también existen ciertos inhibidores de la competitividad, que reducen sus posibilidades de éxito. Los más importantes son, en primer lugar,[21] los conflictos, el canibalismo y las divisiones internas; en segundo lugar, los escándalos públicos ligados a la deshonestidad y el abuso de autoridad;[22] en tercer lugar, el caos y la desorganización; en cuarto lugar, el incumplimiento de la legalidad y la injusticia; en quinto lugar, el ejercicio mediocre de la función pública (cuando se es gobierno); en sexto lugar, el trato desigual y el favoritismo (tráfico de influencias) hacia algunas personas o sectores; en séptimo lugar, la falta de capacidad para concretar alianzas con otras fuerzas políticas y sociales, entre otras.

El índice de competitividad determina el posible resultado de la campaña y el futuro de los partidos políticos. Candidatos y partidos con bajo índice de competitividad seguramente perderán las elecciones y tenderán a desaparecer. Por el contrario, aquellos que conserven altos índices de competitividad tenderán a ocupar los espacios de representación pública.

A manera de conclusión

El éxito o fracaso de una campaña dependerá de su nivel de competitividad. Una campaña altamente competitiva será una campaña exitosa. Por el contrario, una campaña con bajos niveles de competitividad, muy seguramente, será una campaña perdedora. En otras palabras, el nivel de competitividad determinará qué campaña, qué partido y qué candidatos alcanzarán el poder.

La competitividad de una campaña no es producto de la casualidad, ni surge por generación espontánea, sino que se crea y se logra gracias al esfuerzo sostenido, la visión, disciplina y capacidad de los dirigentes y candidatos de una organización política.

Los partidos requieren estimular la competitividad tanto interna como externa para darle una mayor sustancia y calidad a la naciente democracia mexicana. Sin embargo, es importante diferenciar entre altos niveles de competitividad y altos niveles de conflictividad, ya que, esta última, en lugar de fortalecer y consolidar la democracia puede debilitarla.

---

[21] El orden aquí señalado, no implica el nivel de importancia de estos inhibidores.

[22] En la política, hay una máxima que señala que se debe permitir todo menos el escándalo.

El ser competitivo reclama una forma diferente de pensar de los partidos y candidatos, un nuevo modelo mental, con un nuevo estilo de gestión política. La competitividad implica, de cierta manera, crear partidos y candidatos de una nueva generación, con una nueva perspectiva de los asuntos públicos y gubernamentales.

Capítulo Diez

Logística en Campañas Electorales

1. Introducción

La logística es un concepto surgido en el ámbito militar y está relacionado con las actividades de transporte, alojamiento y aprovisionamiento de las tropas. Este término, se ha utilizado también en el ámbito empresarial para denominar, por un lado, el flujo de los recursos que una empresa va a necesitar para la realización de sus actividades y, por el otro, al conjunto de operaciones y tareas relacionadas con el envío de productos terminados al punto de consumo o de uso.

En el caso electoral, se puede entender por logística el conjunto de medios y métodos necesarios para llevar a cabo la organización profesional de una campaña. También, se puede conceptualizar como el arte y la técnica de organizar de manera profesional una campaña, ocupándose de los flujos de las cosas, personas y eventos para lograr un adecuado posicionamiento del candidato y de sus mensajes políticos, así como de la obtención de los votos necesarios para ganar las elecciones. Es decir, las actividades logísticas son el puente o el medio en la relación e interrelación que se produce entre el ciudadano y el candidato y su partido, en un momento electoral.

En toda campaña electoral, la logística es una parte estratégica, la cual implica las diferentes y variadas formas más eficientes de hacer llegar los mensajes a los votantes, poner en contacto a los candidatos y a los partidos con sus bases electorales y, sobre todo, hacer llegar los votos a la urna. Es decir, la logística está presente en todo el proceso proselitista y juega un papel importante en el éxito de toda campaña.

Cuando un evento de campaña se organiza de manera profesional, luce brillante y esplendido, alcanzando con suficiencia los objetivos políticos buscados y se genera la percepción social favorable a los propósitos del (os) partido (s) y candidatos (s), entonces se puede decir que hubo una muy buena logística de campaña.

Cuando impera la desorganización en los múltiples eventos de las campañas, los actos proselitistas y mítines sobresalen por lo deslucido, el frente digital de la campaña no existe o es muy deficiente, las fallas y errores protocolarios en los eventos proselitistas es lo común y, sobre todo, los actos de campaña se caracterizan por la falta de convocatoria, el ausentismo de ciudadanos y la falta de liderazgo en su organización, con eventos que desmerecen y afectan la imagen de la propia campaña, entonces se está hablando de una mala o pésima logística de campaña.

En este capítulo, se describe la importancia que juega la logística en las campañas electorales, se enlistan y analizan los actos más importantes de una campaña electoral moderna en los que la logística juega un papel fundamental y se enlistan los errores más frecuentes en el campo de la logística en las campañas electorales.

2. Estado del arte

En el ámbito empresarial, el objetivo principal de la logística en sí es brindar niveles adecuados de servicio al consumidor a un costo sumamente razonable. De acuerdo a la norma oficial AFNOR (norma X50-600), la logística es una función cuya finalidad es la satisfacción de las necesidades expresadas o latentes, a las mejores condiciones económicas para la empresa y para un nivel de servicio determinado.

La logística, un vocablo derivado del francés Logistique y Loger, es definida como el conjunto de medios y métodos necesarios para llevar a cabo la organización de una empresa, o de un servicio, especialmente de distribuciones.

Según Martin Christopher la logística es el proceso de administrar estratégicamente el movimiento y almacenaje de los materiales, partes y producto terminado desde el proveedor a través de la empresa hasta el cliente. Por su parte, para Ferrer, Hirt, Adriaenséns, Flores y Ramos la logística es una función operativa importante que comprende todas las actividades necesarias para la obtención y administración de materias primas.

En el campo de la empresa privada, la logística busca gerenciar estratégicamente la adquisición, el movimiento, el almacenamiento de productos y el control de inventarios, así como todo el flujo de información asociado, a través de los cuales la organización y su canal de distribución se encauzan de modo tal que la rentabilidad presente y futura de la empresa es maximizada en términos de costos y efectividad.[23]

La logística ha llegado a convertirse en una herramienta esencial para el buen funcionamiento de la distribución y entrega de la materia prima o productos que en un determinado caso se dedíquela empresa a comercializar.

En el campo político-electoral, la logística es el conjunto de actividades, medios y sistemas que se utilizan en la organización profesional de los actos y eventos de campaña, así como los medios y métodos para movilizar políticamente a los votantes y lograr su sufragio.

Los objetivos principales de la logística en las campañas electorales son los siguientes:

a. Dotar de las condiciones y los elementos necesarios, en tiempo y forma, para la organización profesional de los actos y eventos de campaña.
b. Lograr el mayor número de votos al menor costo y esfuerzo posible.

---

[23] Véase Julio Cesar Angulo Rivera, Logística, en http://www.monografias.com/trabajos15/logistica/logistica.shtml, fecha de consulta: 24 de noviembre del 2010.

c. Garantizar la calidad y trascendencia de los eventos y actos de campaña.

d. Generar ventajas competitivas sustentables para la campaña que se traduzcan en un mayor número de votos y una mayor legitimidad política.

3. La importancia de la logística

La logística es a la campaña, lo que el oxigeno es a la vida. Es decir, la logística constituye la columna vertebral de toda campaña electoral exitosa.

La logística implica que todas las acciones, actos y eventos de campaña cuenten con los recursos materiales, económicos y humanos necesarios para alcanzar los objetivos que se buscan, mediante una distribución eficiente de estos recursos, a un menor costo y en el tiempo que sea necesario.

Si la logística falla, el acto de campaña será un fracaso, los medios de comunicación enfatizarán la nota negativa, ya sea por ser un evento deslucido, mal organizado y, sobre todo, con graves problemas de participación y asistencia de los electores. Por su parte, los asistentes a los eventos se desmotivarán, los ciudadanos que se informen de este tipo de incidentes no verán atractivo sumarse a la campaña y, sobre todo, pesara en el ánimo de los organizadores. En pocas palabras, la imagen de la campaña se verá afectada, reduciéndose las posibilidades de éxito de la misma.

De ahí la importancia de cuidar la logística con esmero, dedicando el tiempo y los recursos necesarios para que la campaña resulte grandiosa, sobresaliente y, sobre todo, sea exitosa, políticamente hablando.

4. Eventos de campaña

Los eventos que se realizan generalmente en una campaña son diversos, dependiente el tipo de campaña y el país en la que se realice. Sin embargo, hay una serie de actos de campaña que son muy comunes, independientemente del país y el cargo en la que se compita. En estos actos y actividades proselitistas es de suma importancia el tener los cuidados logísticos.

A continuación, se enlistan y describen los actos más frecuentes en una campaña electoral.

a. **Mitin de apertura.** Es costumbre en muchos países, que las campañas electorales inicien con un mitin, en el que se convoca a los simpatizantes y militantes de un partido político y sus candidatos a concentrarse en un lugar amplio y, muchas veces, emblemático para dar inicio a las actividades proselitistas, tratando de mostrar fuerza y generar una mística triunfadora. Estos mítines reclaman una serie de preparativos y actividades de promoción, que incluyen desde la invitación y movilización de los asistentes para asegurar mostrar musculo electoral, el arreglo o decoración de reciento o plaza pública, la instalación del sonido, el templete, la escenografía y la propaganda, entre otros.

La logística en este tipo de eventos garantiza su éxito, por lo que se tiene que ser especialmente meticuloso en esta materia, de tal forma que sirva de aliciente para los asistentes y, sobre todo, sea publicitado por los medios de comunicación como un evento trascendente, bien organizado y .

b. Visitas domiciliarias.

Las nuevas reglas del juego para la competencia electoral en México, generada a partir de la pasada reforma electoral en la que ya no es posible la compra de spots en radio y televisión por los partidos, los candidatos o particulares, han generado que el voto de los ciudadanos se busque y trate de obtener casa por casa, mediante el contacto directo con la ciudadanía.

La visita domiciliaria permite el contacto directo del candidato o equipo de campaña con los ciudadanos, lo que genera una mayor confianza y, por ende, la posibilidad de un mayor número de votos. Sin embargo, para que la vista domiciliaria sea mejor y rinda los frutos esperados, en necesario que se tomen en cuenta las siguientes recomendaciones.

Ante todo, la cordialidad! Se sugiere tocar o llamar a las viviendas de manera respetuosa, evitando molestar al elector con golpes muy fuertes a la puerta o mediante el contacto prolongado e intenso con el timbre de la casa-habitación, lo cual pueden parecerle agresivos.

La primera impresión. Es importante que al salir de su vivienda, el elector se forme una grata impresión de nuestra presencia, por lo que se recomienda llevar una vestimenta adecuada, cuidando especialmente nuestro aseo personal y bucal, además de presentarnos con un cordial y afectuoso saludo. Recuerden que no han una segunda oportunidad para generar una primera buena impresión.

Saber gestionar el afecto de la gente. Esto implica el dirigirnos cordialmente a los electores, el caerles bien, el ganarnos su simpatía, mirándolos siempre a los ojos, con un tono cordial, pero decidido, de tal forma que los ciudadanos sientan confianza de nuestra visita y, por supuesto, de nuestro candidato.

Dar información, no propaganda. Es importante presentar a nuestro candidato y sus propuestas como información no como propaganda o publicidad para lograr una mayor aceptación y persuasión. Por ejemplo, se puede decir...

"Buenas tardes. Mi nombre es Juan Carrera y estoy aquí para **proporcionarle información** (biptico, carta, etc.) sobre las propuestas de nuestro candidato a la presidencia municipal de Zapopan, Don Manuel Villagómez, quién es candidato del

Partido Blanco. Don Manuel Villagómez es un hombre de éxito, con una amplia experiencia y una gran capacidad, por lo que lo estamos invitando a apoyarlo el próximo 2 de julio. Nuestro candidato a la Presidencia de la república es Carlos Fuentes, un hombre bueno, honrado y trabajador, quien ha apoyado a mucha gente. Por eso es el candidato de las mayorías. Muchas gracias por su tiempo, esperamos su voto el próximo dos de julio. ¡Hasta luego![24]

Seguridad en lo que se dice. Es importante que lo que se informe, se diga con seguridad. La inseguridad, el titubeo y la vacilación generan desconfianza entre los electores. Sí no estamos bien seguros de lo que decimos y creemos, como queremos que los ciudadanos lo estén.

Ser breve y claro. Es importante la brevedad y la claridad de nuestra información. Si hay mayor interés por parte de la gente, lo recomendable es referenciarlos a la página de Internet, la casa de campaña y los teléfonos de nuestro candidato.

No discutir con necios. Si los electores tienen ya bien definido a su candidato, el cual no es nuestro candidato, se sugiere aprovechar mejor el tiempo pasando a otra vivienda, no sin antes despedirse de manera cordial e invitándolo, de cualesquier forma, a que participe en la elección.

Entusiasmo. Como toda emoción, el entusiasmo es contagioso, por lo que todo lo que se haga y se diga ante los ciudadanos en las visitas domiciliarias debe hacerse con el mejor entusiasmo posible. En consecuencia, hay que mostrarnos seguros, entusiastas y, sobre todo, como la opción ganadora. Nuestros rostros deben reflejar éxito, nunca cansancio o desesperación. Recuerden que nadie tiene la culpa de la cara que tiene, pero todos somos responsables de la cara que ponemos.

Despedirse cordialmente. Siempre se debe despedir de manera cordial y agradecer el que nos hayan permitido el darles la información. Si es necesario, es recomendable repetir el nombre de nuestro candidato, con el objetivo de lograr un mejor posicionamiento en la mente de los electores.

Dinamismo. Al retirarse de la vivienda y dirigirse a la siguiente, se recomienda hacerlo con paso seguro y dinámico, de tal forma que se deje una muy buena impresión ligado a la eficiencia, sin llegar al apresuramiento. La idea es dejar una buena imagen, desde el principio hasta el final de la visita. Recuerden que lo que la gente demanda son gobiernos eficientes y eficaces, que solucionen los problemas sociales, por lo que nuestra visita debe servir, también, para formar una percepción de ser gente de resultados.

c. Eventos temáticos

---

[24] Si hay diálogo, preguntas y retroalimentación, hacerlo de manera inteligente y persuasiva. Durante el diálogo se sugiere observar tres etapas: 1. Dar a conocer al candidato; 2. Decir las propuestas y 3. Hacer el llamado al voto.

Durante las campañas, es común que los candidatos organicen foros temáticos de consulta, análisis y discusión, sobre temas de interés general como puede ser la movilidad urbana, las políticas públicas en materia de empleo, seguridad pública, educación, salud, vivienda, el deporte, la familia y, en general, sobre el estado que guarda la administración pública y el gobierno.

Estos eventos temáticos cumplen diferentes funciones, como lo es el recopilar propuestas de los participantes para nutrir y enriquecer la futura agenda de gobierno, como foro de expresión para que se verbalicen y plantean diferentes demandas sociales o para que el candidato muestre su interés y preocupación en la temática en cierta temática en lo específico.

Durante estos eventos, es importante asegurar todo lo concerniente a la logística del evento, misma que incluye la invitación a los asistentes, a los panelistas o conferencistas, a los representantes de los medios de comunicación, la adecuación y el arreglo del recinto, el sonido, la iluminación, el presídium, la escenografía, el maestro de ceremonias, el orden del día, el registro de asistentes, las edecanes, el discurso del candidato y el equipo de proyección, entre otros.

d. Festivales culturales.

Los festivales culturales son actos lúdicos de campaña en la que se congregan cientos o miles de ciudadanos, con el objetivo de ver y escuchar un concierto, artista, payaso, mimo, bailarín o presenciar una obra de teatro, mismo que es utilizado por el partido para hacer llegar su mensaje y por el candidato tratando de persuadir a los asistentes para logra su voto.

Los festivales culturales ayudan a la campaña de tres maneras. Primero, entretienen y divierten a los asistentes. Segundo, le dan visibilidad a la campaña. Tercero, ayudan al posicionamiento del mensaje central de la campaña y del (os) candidato (s) postulado (s). Los festivales culturales, también, ayudan a movilizar electores y cumplen un papel de reforzamiento de la simpatía o preferencia electoral del votante.

En estos eventos, la logística también es muy importante, desde la invitación a los ciudadanos, a los grupos artísticos y a los medios, el arreglo del recinto o plaza pública, la escenografía, el sonido, la ambientación, el orden del día, el discurso del candidato y todo lo referente a la presentación ordenada de los diferentes grupos y artistas que se presentan en dicho festival.

e. Eventos deportivos

Igual que los festivales culturales, los eventos deportivos buscan ampliar las bases de apoyo electoral para los candidatos entre los públicos interesados en las cuestiones deportivas. En este tipo de eventos, se resalta el interés del candidato y partido por el deporte y sus diferentes disciplinas deportivas.

La logística en este tipo de eventos resulta también primordial, por lo que se debe cuidar con esmero la invitación y participación de los equipos deportivos, la invitación a ciertas celebridades del deporte, la programación del evento, la escenografía, el sonido, la entrega de trofeos, el discurso del candidato, el maestro de ceremonias y todo lo referente a la organización profesional de eventos de talla internacional.

f. Foros de consulta.

Los foros de consulta son reuniones del candidato con diferentes sectores sociales para escuchar sus propuestas, necesidades, problemas y alternativas de solución que presentan, misma que enriquecerán la agenda futura de gobierno.

Estos foros cumplen varios objetivos: Primero es la cercanía del candidato con la sociedad. Segundo, el establecimiento de una agenda de gobierno. Tercero, la legitimación social de la agenda de gobierno. Cuarto, la visibilidad y difusión mediática. Quinto, el posicionamiento de los temas de campaña y del candidato.

En los foros de consulta se debe cuidar la convocatoria a los asistentes, la invitación a dirigentes y líderes sectoriales, la invitación a los medios, la adecuación del recinto, el sonido, el maestro de ceremonias, el orden del día, la participación del candidato, la presencia de un notario público para certificar el compromiso del candidato y la elaboración de la memoria del foro.

g. Volanteo.

El volanteo, como un medio de publicidad política, busca lograr que los ciudadanos conozcan al candidato, estén al tanto sus propuestas y otorguen, en definitiva, su voto el día de las elecciones.

El volanteo es una actividad que se puede hacer casa por casa, en lugares públicos y concurridos como mercados, tiendas departamentales, centros comerciales, plazas públicas, áreas deportivas, centros culturales y lugares en lo que usualmente se congregan los ciudadanos.

Además de un buen diseño y una impresión profesional, se recomienda que las personas que distribuyan el volante lo hagan con una vestimenta adecuada que los identifique con la campaña, sean corteses y educados en su distribución y, sobre todo, transmitan una sensación de alegría, entusiasmo y seguridad.

Durante todos los eventos de campaña, también se puede aprovechar para hacer la entrega de los volantes, asegurándose que estos cumplan el propósito buscado y que se entreguen también a las personas indicadas. Se debe evitar el despilfarro de volantes, los errores ortográficos en el texto y la saturación del mensaje en formato de texto. De hecho, un buen volante debe contener poco texto y apoyarse en buenas y llamativas imágenes.

h. Caravanas de automóviles.

Las caravanas de automóviles son sugeridas en lugares donde no exista una saturación del tráfico vehicular y en días y horas en las que la molestia a la ciudadanía es mucho menor, ya que de lo contrario se puede generar un efecto *boomerang*. Su objetivo es llamar la atención, darle visibilidad a la campaña, demostrar fuerza y hacer llegar los mensajes de la campaña a los ciudadanos.

Las caravanas son más funcionales cuando se realizan principalmente los fines de semana, sobre avenidas amplias que están poco congestionadas por el tráfico y cuando reciben una cobertura también por los medios de comunicación.

La logística de una caravana, como acto de campaña, contempla desde definir con anticipación su recorrido, la dotación de banderas y distintivos de la campaña a los participantes, la información sobre la ruta del recorrido y los objetivos a cumplir para los asistentes, el perifoneo con mensaje grabados sobre algunos automóviles participantes, la hora de su inicio y finalización, así como indicaciones precisas para respetar los semáforos y a los ciudadanos que se cruzan con el contingente de vehículos.

i. Visitas a plazas y mercados.

Durante las campañas, es común que los candidatos realicen visitas a plazas públicas, centros comerciales, mercados y lugares de concurrencia de los electores. Estas visitan buscan alcanzar tres objetivos principales. Primero, el contacto directo con la ciudadanía. Segundo, la difusión de los mensajes de la campaña. Tercero, mostrar el interés del candidato en los asuntos de los ciudadanos. Y cuarto, mostrar ante los medios de comunicación la preocupación e involucramiento del candidato en los temas de interés de la ciudadanía.

Durante las visitas a estos centros de concurrencia social, como en todos los demás eventos anteriormente señalados, es importante cuidar la imagen del candidato, su vestimenta, su lenguaje corporal y verbal, la forma como interactúa con los electores, así como el mensaje que les hace llegar. En estas visitas, el diálogo franco y directo con la gente, así como el interés e interlocución sobre los problemas planteados son elementos primordiales para el éxito de este tipo de actos proselitistas. En estos actos es importante hacerse acompañar por un amplio equipo de campaña, así como por los representantes de los medios de comunicación.

j. Desayunos y comidas con grupos sociales

Este tipo de eventos está focalizado a impactar en grupos específicos de ciudadanos como los empresarios, los profesionistas, los sindicalizados, los comerciantes, las mujeres y los jóvenes, entre otros.

Los desayunos, comidas o cenas con los ciudadanos se organizan con diferentes propósitos. Uno puede ser el acercar al candidato con los ciudadanos y hacer llegar su mensaje. Otro puede ser el pedir su apoyo económico para fondear la campaña. Otro objetivo a alcanzar puede ser el invitarlos a integrase a la campaña como activistas. Un objetivo final, puede ser el enriquecer su agenda de gobierno.

La logística que se debe cuidar va desde la invitación a los asistentes, el arreglo del recinto, el sonido, la iluminación, la ubicación de las mesas de comensales y de los invitados, el presídium, la escenografía, el programa del evento y, todo lo relacionado con la atención cortes de los invitados.

Hasta aquí se han enlistado y explicado los actos principales de campaña que reclaman una logística especial que redunde en el éxito de la actividad proselitista. Es importante decir que toda campaña se gana con la participación entusiasta y presencia de los ciudadanos en las urnas, por lo que en todo evento de campaña se requiere reiterar la invitación para que acudan a sufragar el día de la elección y que motiven también a hacerlo a amigos, vecinos y familiares.

En los eventos de campaña es muy importante la logística electoral que incluye la movilización de votantes, la organización profesional de eventos, las condiciones de espacio, mobiliario y equipo suficiente y confortable para la correcta realización de los eventos de campaña, así como la adecuada ambientación de los mismos. También es muy importante, el evitar los errores y la desorganización propia de una actividad como lo son las campañas electorales.

5. Errores y aciertos logísticos en las campañas

Los principales errores que suelen presentarte durante los procesos electorales son los siguientes:

-**Apoyarse sólo en publicidad.** La publicidad durante la campaña es un medio, nunca un fin y siempre debe depender de la estrategia general de la campaña. Cuando la campaña depende solo de la publicidad y ésta está desvinculada de la estrategia y la filosofía central de la campaña, las posibilidades de perder la elección se incrementan.

-**Olvidarse de los electores**. El partido y los candidatos se concentran tanto en otras actividades de la campaña, en los asuntos de los recursos económicos y la burocracia partidista, que se olvidan por completo de los electores quienes deberían ser su prioridad más importante.

-**Pensar que hay una única fórmula**. El hecho de partir de la idea de que sólo existe una forma para ganar las elecciones es un gran un error porque nunca hay un solo camino, sino diferentes senderos que llevan al triunfo. Lo que se necesita son estrategas un poco más creativos que les estén incorporando a la campaña ideas innovadoras para obtener el voto y no cerrarse a una única fórmula para triunfar.

-Tener una mística de derrota. Esta es una de las peores actitudes que puede tomar el candidato, el partido político y su equipo de campaña de derrotarse psicológicamente porque la competencia es muy fuerte. Al contrario, lo que se requiere es una mística de éxito que no sucumbe ni ante los peores augurios de la elección.

-Confiar en el voto duro del partido. Este es uno de los errores más frecuentes que se cometen en las campañas. Creer que el voto duro es suficiente para ganar la elección. Hoy día para ganar se requiere una amplia coalición que integre al voto duro, al voto bando, al voto de los switchers, al voto de los abstencionistas e incluso, algunos votos otrora opositores.

-No hacer propuestas sensibles para los electores. Es importante durante la campaña hacer propuestas sensibles para los electores y coherentes de acuerdo a la realidad que se está viviendo. Las campañas demagógicas y populistas no necesariamente son las que logran la mayoría de los votos de los electores.

-No dejarse asesorar. Es muy común que los candidatos se crean que son un sabelotodo, por lo que desdeñan el apoyo que les puede dar un equipo profesional de asesores de campaña. Lo ideal es contar con algún experto en materia de mercadotecnia política y estrategia electoral, que ayude a definir las pautas de acción correspondiente a cada etapa de la campaña.

-Mal manejo del tiempo. En la política el *timing* es un asunto de capital importancia. Si las cosas no se hacen de manera oportuna, el impacto que se genera puede resultar irrelevante. Toda campaña debe organizarse en tres etapas. El inicio donde se da a conocer al candidato, sus atributos positivos, experiencia y cualidades distintivas. El desarrollo, donde se da a conocer las propuestas y posicionamientos del candidato. La finalización donde se hace un llamado al voto.

-No tener información detallada de los electores. Es importante hacer estudios de mercado cualitativos y cualitativos acerca de las preferencias de los electores, sus problemas, expectativas, deseos, sentimientos y emociones, como por ejemplo hacer encuestas acerca de las necesidades generales que existen en un determinada región y así utilizar esta información en las distintas presentaciones del candidato, lo que ellos quieren escuchar que son soluciones a sus problemas.

-Descartar a los indecisos de la campaña. Este es un error que puede costar el triunfo en la elección, ya que cada vez va en aumento el llamado grupo de los indecisos en nuestro país, debido a que ya no saben en quien confiar por todos los acontecimientos que suceden en el ámbito de la política en México.

-No segmentar la campaña. Es de suma importancia que el comité de campaña segmente a la población de votantes para conocer sus inquietudes y necesidades porque cada sector de la población demanda cosas diferentes y el tener una plataforma política diferente para cada agrupo te convierte en un candidato con mayor competitividad.

-No capacitar adecuadamente al equipo de campaña. Esto suele pasar en muchas ocasiones por que los partidos políticos sólo capacitan al candidato y no a su equipo porque lo consideran mucho menos importante, pero acaso no se han dado cuenta quelas campañas creatividad, innovadoras diferentes salen del comité de campaña, lo que de alguna manera en ocasiones esto logra una campaña con éxito y con muchas más posibilidades de un triunfo que si no lo capacitan va ser una campaña sin trascendencia alguna.

-No usar la tecnología. La campaña que no usa tecnología básicamente la podemos llamar obsoleta por que deben ponerse en el mismo lugar en que se encuentra la sociedad es decir actualizarse con nuevas estrategias que por lo general requieren el uso de tecnología para acaparar la atención de una manera más fácil y de acuerdo a la época en que nos encontramos. Es importante, además, el uso de esta por que los jóvenes representa un segmento importante de la población y son los que más están en contacto con esta.

-Dejar que otros dirijan la campaña. Es elemental que el candidato este de acuerdo con todas las actividades logísticas y electorales que estén ocurriendo y que no se deje manipular como un títere por los demás cuando algo no le parezca.

-La anarquía. Es fundamental escuchar la opinión de los demás pero sobre todo la del equipo asesor en materia de gerencia política para evitar que la campaña se convierta en un caos y se precipite por el acantilado de la derrota.

-Una campaña dividida. En una campaña siempre hay un dilema, a nos salvamos juntos o nos hundimos por separado. La división lleva a la derrota, mientras que la unidad al éxito en la elección. El fuego amigo y los golpes bajos por los propios compañeros del partido debilitan las posibilidades de éxito en una elección.

-Burocratización partidista. Este fenómeno burocrático suele presentarse durante las campañas, ya que los fondos económicos no llegan o llegan muy tarde a la campaña, lo que genera que la competencia avance y, muchas veces, sea imposible alcanzarla.

-Falta de estrategia. No contar con una estrategia, es como andar en la campaña sin rumbo o a siegas. Las campañas electorales se ganan o se pierden a nivel estratégico y táctico. La estrategia es destino. Sin estrategia lo más seguro es que se pierda la elección.

-Falta de información. Es algo que si descuida puede ocasionar serias desventajas ante la competencia y, en el peor de lo casos, puede llevar a la derrota por no contar con la suficiente información acerca de los ciudadanos. La información es poder y gana la elección quien conoce mejor a los electores.

-Falta de liderazgo. Es de gran relevancia que en las campañas se cuente con un líder o coordinador de campaña, que sea un hombre orquesta, que dirija en lugar de remar y que, en coordinación con el candidato, lleve exitosamente al "barco" a su puerto de llegada.

-Mala comunicación. En caso de no contar con una buena comunicación esto puede originar algunos problemas como la mala organización entre otros. Es por ello que es fundamental contar con una buena comunicación interna entre los miembros del grupo de trabajo y una mejor comunicación con los públicos externos.

-Mala reputación de los colaboradores. Contar con personas de mala fama o dudosa reputación puede ocasionar falta de credibilidad tanto para el candidato como para el partido político. Es por esto que es importante contar con personas honorables y rectas en la campaña.

-Indecisión y titubeos. Durante el proceso electoral es fundamental avanzar con decisiones firmes y no con titubeos porque esto nos puede ocasionar serias dificultades.

-Pelearse con los medios. Es de gran trascendencia contar con una relación cordial y afable con los diferentes medios de comunicación, porque de no hacerlo así, estos pueden destruir las posibilidades de éxito de la campaña.

Capítulo Once

Inteligencia organizativa y

liderazgo en las campañas electorales

Introducción

El concepto de inteligencias múltiples lo acuñó Howard Gardner en 1983, para referirse al desarrollo de capacidades específicas, distintas e interdependientes, que posee el ser humano, y que incluyen no sólo las capacidades lingüísticas y lógico-matemáticas, como era la concepción tradicional,[25] sino también otro tipo de capacidades. De esta forma, la inteligencia[26] se conceptualiza no de forma unitaria, ligada sólo a concepciones académico intelectuales, sino que agrupa a diferentes capacidades, las cuales se pueden desarrollar dependiendo, por ejemplo, del medio ambiente, las experiencias vividas y la educación recibida.

Todos los seres humanos son poseedores, unos en mayor y otros en menor medida, de estas capacidades, mismas que les ayudan a resolver problemas y crear cosas, así como a sobrevivir y desarrollarse en sociedad. Es decir, las diferentes capacidades o inteligencias que posee y desarrolla el ser humano son importantes para su supervivencia y progreso.[27]

Ahora bien, de las ocho inteligencias que señala Gardner (1983), [28] al menos, tres son estratégicas para el desarrollo del liderazgo[29] en las campañas electorales, como lo

---

[25] El **cociente intelectual (CI)** es un número que resulta de la realización de un test estandarizado para medir el nivel de las habilidades cognitivas de una persona en relación con su grupo de edad. Se expresa de forma normalizada para que el CI medio en un grupo de edad sea 100 –es decir, una persona con un CI de 110 está por encima de la media entre las personas de su edad. Lo más normal es que la desviación estándar (σ) de los resultados sea de 15 ó 16, por lo que los test se diseñan de tal forma que la distribución de los resultados sea aproximadamente una distribución normal o *gaussiana*, es decir, que siguen la curva normal (Véase http://es.wikipedia.org/wiki/Cociente_intelectual y http://howardgadner.com, consultado el 18 de noviembre del 2008).

[26] Gadner (2003) define a la inteligencia como la capacidad de resolver problemas o elaborar productos que sean valiosos en una o más culturas.

[27] Tony Buzan (2003), creador del concepto de mapas mentales, considera que el ser humano posee diferentes tipos de inteligencia, tales como la inteligencia social, espacial, verbal, física, sensual, creativa, emocional, numérica, personal, sexual y la inteligencia espiritual.

[28] Gardner (1983) señala que existen ocho tipos diferentes de inteligencia: la musical, corporal-cinestésica, lingüística, lógico-matemática, espacial, interpersonal, intrapersonal y naturalista. Gardner (2003) posteriormente, en una nueva edición de su libro, añadió dos tipos más de inteligencias la naturalista, misma que utilizamos al observar y estudiar la naturaleza para organizar y clasificar (los biólogos y naturalistas son quienes más la desarrollan) y la inteligencia existencial entendida como la capacidad para situarse a sí mismo con respecto al cosmos.

son la inteligencia interpersonal,[30] la inteligencia intrapersonal[31] y la inteligencia lingüística.[32] Sin embargo, en materia de liderazgo político, hace falta desarrollar otro tipo de inteligencias o capacidades no abordadas por Gadner (1983), como lo son la inteligencia emocional (IE) y la inteligencia organizativa (IO).

El término inteligencia emocional fue acuñado por primera vez en 1995 por Peter Salovery y John Mayer (1995), quienes la describían como una forma de inteligencia social que implica la habilidad para dirigir los propios sentimientos y emociones y las de los demás, saber discriminar entre ellas y usar esta información para guiar el pensamiento y la propia acción. Sin embargo, ya desde 1920 Thorndike había usado el término inteligencia social, como una especie de sinónimo de lo que hoy se entiende por IE, para referirse a la habilidad para comprender y dirigir a las personas y actuar sabiamente en las relaciones humanas.

Este constructo psicológico fue utilizado y socializado más recientemente por Daniel Goleman en 1995, aplicado principalmente a las empresas y su entorno laboral.[33] Su tesis principal señala que quienes alcanzan altos niveles de liderazgo dentro de las organizaciones son aquellas personas que poseen un gran control de sus emociones, están motivadas y son generadoras de entusiasmo, además de saber trabajar en equipo, tienen iniciativa y logran influir en los estados de ánimo de sus compañeros. A partir de estos años, los principios de la IE y su complemento, las competencias emocionales, se han venido desarrollando y aplicando no sólo en las organizaciones empresariales, sino prácticamente en todos los campos de la vida, como lo son el desarrollo personal o la actividad política.

---

[29] De acuerdo a David Casares (1994) el liderazgo es la acción de influir en los demás; las actitudes, conductas y habilidades de dirigir, orientar, motivar, vincular, integrar y optimizar el quehacer de las personas y grupos para lograr los objetivos deseados, en virtud de su posición en la estructura de poder y promover el desarrollo de sus integrantes.

[30] La inteligencia interpersonal es la capacidad de entender a los demás e interactuar eficazmente con ellos. Incluye la sensibilidad a expresiones faciales, la voz, los gestos, las posturas y la habilidad para responder. Presente en actores, políticos, buenos vendedores y docentes exitosos, entre otros.

[31] Inteligencia Intrapersonal es la capacidad de construir una percepción precisa respecto de sí mismo y de organizar y dirigir su propia vida. Incluye la autodisciplina, la auto-comprensión y la autoestima. Se encuentra muy desarrollada en teólogos, filósofos y psicólogos, entre otros.

[32] Es la capacidad de usar las palabras de manera efectiva, en forma oral o escrita. Incluye la habilidad en el uso de la sintaxis, la fonética, la semántica y los usos pragmáticos del lenguaje (la retórica, la mnemónica, la explicación y el metalenguaje). Alto nivel de esta inteligencia se ve en escritores, poetas, periodistas y oradores, entre otros.

[33] De acuerdo a Daniel Goleman (1995), la inteligencia emocional es la capacidad para reconocer sentimientos y emociones en sí mismo y en otros, siendo hábil para gerenciarlos al trabajar y relacionarnos con los demás. Es un factor clave para lograr una adaptación exitosa en las diferentes contingencias de la vida. Es un conjunto de metahabilidades que pueden ser aprendidas y mejoradas.

Todos estos tipos de inteligencias (lingüística, emocional, interpersonal e intrapersonal) se han considerado como pivotes importantes en el liderazgo político, pero ha faltado un tipo de inteligencia que es determinante en el ejercicio y formación de líderes. Este es el caso de la inteligencia[34] organizativa (IO), referida a la capacidad del individuo para organizar sus ideas, pensamientos, cosas,[35] sujetos, espacios, tiempos y proyectos, así como gerenciar, dirigir, administrar y, sobre todo, emprender diferentes planes y acciones.

Para el caso de las campañas electorales, la inteligencia organizativa implica la habilidad, destreza, aptitud y competencia para organizar de manera exitosa las actividades de proselitismo, persuasión y movilización de los votantes con el fin de ganar contundentemente los comicios electorales.

Este tipo de inteligencia es distinta a lo que se conoce como inteligencia organizacional u corporativa, referida a la capacidad de una organización para crear conocimiento y utilizarlo para adaptarse estratégicamente a su entorno y tomar decisiones efectivas que le permitan ser altamente competitiva (Halal, 1997).[36] La inteligencia organizativa es aquella capacidad que tiene el ser humano para organizar (ideas, cosas, personas, espacios, tiempos, procesos y tareas) y hacerlo de manera profesional, tratando de conseguir ciertos objetivos y metas a partir del desarrollo de esta capacidad.

En el presente capitulo, se desarrolla este nuevo concepto, se describen algunos principios que la sustentan, así como se explica la importancia de la inteligencia organizativa en el liderazgo en lo general y en el liderazgo de campañas electorales, en lo particular.

---

[34] La palabra inteligencia es origen latino, *intelligentĭa*, que proviene de *inteligere*, término compuesto de *intus* "entre" y *legere* "escoger", por lo que, etimológicamente, inteligente es quien sabe escoger. La inteligencia permite elegir las mejores opciones para resolver una cuestión. La palabra inteligencia fue introducida por **Cicerón** para significar el concepto de capacidad intelectual. Sin embargo, hoy día se usa como capacidad de resolver problemas.

[35] Por organizar cosas se entiende la organización de objetos, mismos que pueden ser desde objetos personales, muebles, equipo y toda la gama de objetos.

[36] De acuerdo a Susana García, la inteligencia organizacional o corporativa es la capacidad y la función de reunir, analizar y diseminar datos que permitan obtener, de forma sistemática y organizada, información relevante sobre el ambiente externo y las condiciones internas de la organización para la toma de decisiones y la orientación estratégica. Tomioka, por su parte, apunta que la inteligencia corporativa es la habilidad de una organización para obtener información del entorno y considera esta última como la fuerza conductora de las organizaciones de autorrenovación.

El concepto de inteligencia organizativa (IO)

La IO es la capacidad del ser humano de organizar ideas, pensamientos, cosas y personas dando coherencia, sustento, dirección y orden a las diferentes acciones que realiza, a través del tiempo y del espacio, con el objetivo de alcanzar ciertos objetivos y metas previamente establecidas. [37]

Al igual que Gardner (1983), se conceptualiza la IO como una capacidad que posee y, a la vez, puede desarrollar el ser humano. Esto implica considerar que todo individuo (saludable o normal) tiene la capacidad para organizar (ideas, objetos, sujetos, espacios, tiempos y acciones), misma que le es innata a su naturaleza, pero que también se puede desarrollar por necesidad, experiencia, circunstancia o mediante el entrenamiento y la educación.

Todos los seres humanos tenemos cierto nivel de inteligencia organizativa. Sin embargo, existen algunos individuos que han desarrollado más esta capacidad y otros menos. La inteligencia organizativa permite no sólo organizar actividades y cosas, sino además, hacerlo de tal manera que se concreten ciertos objetivos y metas planteadas o ideadas con anticipación.

La inteligencia organizativa permite dar coherencia, dirección, orden y sentido tanto a los esfuerzos individuales como a los colectivos, lo cual es muy importante en el liderazgo político. Sin coherencia es muy difícil ejercer el liderazgo y aglutinar a los demás en una perspectiva de mediano o largo plazo. Un líder que no tenga visualizada una dirección o un rumbo claro difícilmente será seguido. Puede terminar, como pasó con *Alicia en el País de las Maravillas*, en cualesquier parte, ya que no sabe dónde va, ni a dónde lleva a sus seguidores. Cualesquier camino que tome es correcto, ya que no sabe a dónde se dirige, ni qué quiere.

Darle orden y sentido claro a las cosas y a los esfuerzos que se realizan permite al líder no sólo que sus seguidores alcancen sus objetivos individuales y colectivos, sino también afianzar su liderazgo. Un líder sin orden y sin sentido no puede serlo en una perspectiva de largo alcance ni su liderazgo puede consolidarse. La ausencia de orden puede llevar a la anarquía, al caos y al desconcierto y fracaso. La falta de sentido desmotiva, confunde y esclerotiza a la gente. Esto es valido en lo general, pero se aplica con especial sentido también en las campañas electorales, ya que una campaña caótica, desorganizada y sub-administrada es generalmente una campaña perdedora. Por el contrario, una campaña bien organizada, bien estructurada y bien administrada es generalmente una campaña exitosa.

---

[37] De acuerdo a Eugenio Sisto Velasco, organizar es ordenar y agrupar las personas, tiempos, espacios y actividades necesarias para alcanzar los fines establecidos creando unidades administrativas, asignando en su caso funciones, autoridad, responsabilidad y jerarquía y estableciendo las relaciones que entre dichas unidades deben existir.

El orden implica el saber priorizar, el articular adecuadamente el juego estratégico en el tiempo y el espacio, tomar las decisiones oportunas y actuar conforme las circunstancias y los tiempos lo requieran. El sentido implica no sólo darle dirección, sino también dotar de razones creíbles al colectivo, clarificar su razón de ser y la visión que quieren alcanzar en el futuro.

Un buen líder es aquel que saber darle sentido a las cosas. Un seguidor es aquel que acepta ese sentido, se involucra y participa tratando de alcanzar los objetivos que el líder ha trazado al definir el sentido de las cosas.

La inteligencia organizativa, como una capacidad especial del ser humano, se desarrolla también en un tiempo y un espacio determinado, de acuerdo a las circunstancias presentes y futuras. Un líder con alta IO sabe de la importancia, por ejemplo, del *timing* para la concreción de metas y objetivos, además de considerar el espacio como el territorio en el que conviven e inciden en la cultura, la experiencia y la circunstancia en que se encuentra la gente.

La Inteligencia Organizativa implica también un proceso de construcción y un proceso de activación. Es decir, este proceso presenta dos facetas: establecer la estructura o diseño organizacional y coordinar. El primero, se refiere a la capacidad de construir estructuras, realizar el diseño organizacional o la arquitectura organizativa. El segundo se refiere a la capacidad humana de establecer y poner en práctica maneras de hacer funcionar las cosas.

Finalmente, la inteligencia organizativa está orientada o direccionada a alcanzar ciertos objetivos y metas a través de las diferentes acciones que emprende el individuo. Un líder con alta IO no sólo sabe de la existencia de diferentes caminos alternativos, sino que dilucida y decide sabiamente sobre el camino que genera los menores costos y conduce con certeza hacia el objetivo buscado.

Liderazgo e inteligencia organizativa

La palabra organizar etimológicamente proviene del griego *organon* que significa instrumento. En este sentido, es un instrumento indispensable para el liderazgo político. Sin capacidad de organizar no es posible la existencia del liderazgo ni habría posibilidades de ganar una contienda electoral.

La inteligencia organizativa y el liderazgo son, a la vez, dos conceptos y capacidades estrechamente relacionadas e interdependientes, ya que nadie puede ser buen líder y carecer o tener un bajo nivel de este tipo de inteligencia. Para ser un buen líder político se requiere poseer una alta capacidad organizativa, de emprendimiento y estructuración de las tareas y acciones a realizar con el fin de alcanzar los objetivos y metas establecidas.

La inteligencia organizativa, como se ha conceptualizado aquí, es la capacidad del ser humano para organizar ideas, cosas y personas en el tiempo y el espacio para alcanzar ciertos objetivos previamente establecidos, así como poder estructurar diferentes proyectos estratégicos de largo alcance y alto impacto. Es decir, es la capacidad que todo ser humano tiene, principalmente los líderes, de ser grandes organizadores y por lo tanto, buenos líderes.

Un líder con una alta IO sabe a dónde va y es capaz de dilucidar sobre qué camino debe tomar, entre las diferentes alternativas que se le presentan. En este sentido, no sólo posee la capacidad de organizar ideas, cosas, personas, espacios, tiempos y acciones, sino también la visión para concretar las metas y objetivos que se ha fijado a partir de esa capacidad organizativa.

Las grandes obras y logros que ha realizado la humanidad han estado sustentadas en la IO, ya que nadie puede concebir, por ejemplo, la independencia de México sin la capacidad organizativa del movimiento rebelde de los que hoy se consideran Padres de la Patria (Hidalgo, Morelos, Mina, Allende y Josefa Ortiz de Domínguez). Tampoco se puede concebir la organización de los juegos olímpicos o del mundial del *futbol soccer*, tal y como se hacen en estos tiempos, sin la capacidad organizativa de quienes tienen la tarea de organizar estas fiestas del deporte mundial.

De la misma forma, nadie puede concebir una campaña electoral exitosa, sin la presencia de una alta inteligencia organizativa por parte de los candidatos, los dirigentes partidistas y los coordinadores de las campañas.

La inteligencia organizativa es una inteligencia distinta, propia de las personas emprendedoras y visionarias, con capacidad de visualizar y organizar (ideas, cosas, personas, espacios y tiempos), mismas que pueden ser tan distintas y disímbolas, como lo es el organizar una fiesta familiar, una campaña electoral o hasta una revolución social.

Un individuo con una alta IO ocupa siempre posiciones importantes, sea en el liderazgo, la gerencia o la dirección de grupos, organizaciones, instituciones y demás colectivos sociales. La característica principal del individuo con una alta IO es que es muy organizado, no sólo desde la perspectiva personal, sino sobre todo, grupal. Tiene siempre una visión sistémica e integral de los procesos, así como una gran capacidad logística necesaria en sus tareas organizativas.

La IO es la capacidad de organizar grupos y motivar a los demás seres humanos para alcanzar ciertos objetivos, asignar tareas, determinar responsabilidades, descentralizar acciones (decisiones) y exigir resultados. Esta es una característica o atributo distintivo de todo líder. De hecho, un líder es un gran organizador de colectivos sociales, capaz de construir diferentes tipos de organizaciones e instituciones, que tengan un fin y un propósito determinado.

Los acreditados directores de cine, los grandes políticos, los candidatos exitosos, los empresarios triunfadores, los grandes constructores, los dirigentes sociales, los consultores, los altos directivos y, en general, los líderes políticos poseen un alto nivel de este tipo de inteligencia.

La IO es muy importante para el liderazgo político, al menos, por las siguientes razones. Primero, ninguna persona que no tenga una alta inteligencia organizativa es capaz de ejercer una posición duradera de liderazgo, ya que sería incapaz de organizar ideas, acciones, gentes, cosas, espacios, tiempos y determinar prioridades. Segundo, la presencia de un alto nivel de IO en los individuos permite no sólo la organización de grupos sociales, sino también de instituciones, proyectos trascendentes, procesos y acciones colectivas. Tercero, el liderazgo se sustenta, de cierta manera, en la capacidad organizativa y directiva de los individuos de ciertos colectivos sociales. Finalmente, porque la propia capacidad de organización de los líderes, le da sustento, legitimidad y viabilidad a su liderazgo en una perspectiva de mediano y largo plazo.

Características de la IO

La inteligencia organizativa, como capacidad humana, se manifiesta a través de diferentes características y atributos, entre las que sobresalen las siguientes: (1) capacidad de organizar ideas, cosas, personas, espacios y tiempos; (2) perspectiva sistémica e integral; 3. visión no sólo de corto, sino de mediano y largo plazo; (4) integridad organizativa (tanto de estratega como de operador); (5) capacidad de estructurar procedimientos, dividir el trabajo, tomar decisiones oportunas e inteligentes, gestionar la información y el conocimiento, otorgar respuestas rápidas y poder movilizar recursos.

La capacidad de organizar personas, ideas, cosas, espacios y tiempos es el atributo distintivo de este tipo de inteligencia o de los individuos que poseen altos niveles de IO. Sin embargo, existen otros tipos de distinciones que caracterizan a los sujetos con alto nivel de inteligencia organizativa, como lo es la perspectiva sistémica e integral. Esto es, las personas con altos niveles de IO no sólo ven el árbol, sino el bosque y no sólo consideran el hoy (presente), sino también el mañana y el pasado mañana (futuro).

Las personas con alta IO, tienen también un alto nivel de integridad organizativa, entendida ésta como rectitud, probidad y entereza en las acciones que emprenden y los objetivos que buscan, así como una gran capacidad, propia de estrategas, de visualizar escenarios a futuro y actuar como operador para que las acciones se concreten adecuadamente en tiempo y forma.

Además, una persona con alta IO desarrolla también, y de forma paralela y complementaria, otro tipo de habilidades como lo son las del conocimiento, pensamiento y directivas, orientadas a mejorar su desempeño y, sobre todo, su capacidad de liderazgo. De hecho, la inteligencia organizativa no sólo es una capacidad, sino también una habilidad del ser humano, misma que se desarrolla y perfecciona a través del tiempo, mediada por una serie de experiencias, conocimientos y aprendizajes.

Áreas que cubre la IO

Son seis áreas que forman parte de este tipo de inteligencia:

a. Organización de ideas, pensamientos, emociones y sentimientos.
b. Organización de personas, grupos, equipos de trabajo (campaña) y organizaciones.
c. Organización de tiempos.
d. Organización de espacios.
e. Organización de objetos y cosas.
f. Organización de acciones, planes, procesos y proyectos.

La inteligencia organizativa se desarrolla de diferentes formas a través del tiempo y mediada, principalmente, por la experiencia y el aprendizaje. Por ejemplo, ante la asignación de tareas organizativas que un padre puede asignarle a uno de sus hijos, al organizar una fiesta familiar o ante la indicación de organizar un evento importante, como un congreso internacional, por poner algunos casos. El individuo dará resultados distintos en la tarea asignada tanto si es su primera vez o si ya lo ha hecho varias veces y ha aprendido y mejorado en otras ocasiones.

Este tipo de inteligencia, se desarrolla mejor no sólo a través del conocimiento e información de los individuos sobre técnicas, estrategias y principios de organización en sus diferentes campos (gerencial, social, cultural, política, productiva, etc.) si no principalmente a través de la experiencia y la práctica constante. Es decir, la formación teórica ayuda, pero la experiencia práctica consolida a este tipo de competencia.

La IO involucra no sólo la facilidad de relacionarse con otros (inteligencia relacional), así como el conocer y manejar las emociones propias y ajenas (inteligencia emocional), sino también la capacidad de poder organizar a los otros, así como el saber ordenar las ideas, pensamientos y emociones propias. Es decir, este tipo de inteligencia es diferente, también, de la inteligencia interpersonal, aunque ambas involucran la iniciativa, la coordinación de los esfuerzos de grupos y la cooperación. De hecho, esta inteligencia va más allá, al incluir la capacidad del individuo de organizar sus ideas, pensamientos, emociones, espacios, tiempos, objetos y sujetos.

Coeficiente de inteligencia organizativa

Como nuevo concepto y perspectiva de análisis, la IO no ha desarrollado parámetros particulares que permitan acuñar una especie de coeficiente de IO, tal y como existen en otros tipos de inteligencias, como es el caso del coeficiente intelectual que mide la habilidad lógico- matemática o la inteligencia emocional.

Sin embargo, sí es posible el desarrollar un coeficiente para este tipo de inteligencia. No obstante, por falta de espacio aquí en este capítulo se desarrollan sólo algunos elementos que pueden servir de base para elaborar el coeficiente de inteligencia organizativa, mismo que se sustenta en una serie de mediciones sobre la capacidad de organización de los individuos.[38]

En este coeficiente, se consideran cinco niveles de inteligencia, los cuales son muy alto, alto, medio, bajo y muy bajo, dependiendo de la capacidad de organización que se posea. Los niveles muy alto y alto corresponden generalmente a los líderes. Los niveles medio, bajo y muy bajo de inteligencia organizativa corresponde generalmente a los seguidores. Es decir, el liderazgo político está en razón de la capacidad y habilidad del ser humano para organizar desde sus ideas, pensamientos, emociones, sentimientos, objetos, sujetos, espacios y tiempos, hasta sus acciones y proyectos.

Comentarios adicionales

La inteligencia organizativa es una de las inteligencias múltiples más importantes que posee el ser humano y es indispensable, no sólo para su sobrevivencia, sino también para su desarrollo y la concreción de diferentes metas y objetivos presentes y futuros.[39]

En el liderazgo político y durante los procesos electorales, este tipo de inteligencia es una de las más substanciales, al igual o mayor que la inteligencia verbal, relacional y emocional, ya que no puede haber liderazgo donde no hay habilidades organizativas. Si se requiriera darle un peso específico a este tipo de inteligencia, bien se podría decir que es tan indispensable como la inteligencia emocional.

De hecho, el éxito de un líder está definido, en gran parte, por este tipo de inteligencia, ya que el 20 por ciento depende del CI (raciocinio lógico - matemático), el 25 % de su inteligencia emocional, el 15 % de su inteligencia relacional, 15 % de su inteligencia verbal y el 25 % de su inteligencia organizativa. Como lo señalará acertadamente George Bernard Shaw, el éxito no se logra sólo con cualidades especiales. Es, sobre todo, un trabajo de constancia, método y organización.

Este tipo de inteligencia incluye una serie de capacidades no sólo procedimentales, como podría esperarse, sino también conceptuales y actitudinales, orientadas a concretar metas y objetivos, así como definir y alcanzar escenarios futuros deseables.

En las campañas, la inteligencia organizativa es clave para el éxito, en la medida que toda campaña se convierte o deriva, de cierta manera, en diferentes acciones inteligentes, tanto en el área comunicacional, como organizativa.

Finalmente, sólo resta decir que las personas tienen poder cuando se unen, pero adquieren más poder, cuando además de unidas, están bien organizadas. En este sentido, incrementar el nivel de inteligencia organizativa es la clave para ganar el

---

[38] Véase anexo sobre inteligencia organizativa.
[39] Es un tipo de inteligencia distinta, pero a la vez interdependiente de las demás inteligencias.

poder y potencializar el desarrollo tanto de los individuos como de las organizaciones y las naciones.

Coeficiente de Inteligencia Organizativa

Contesta cada una de las preguntas y afirmaciones que se te presentan enseguida, relacionando o respondiendo de acuerdo al sistema de puntos siguiente. Sé lo más honesto (a) posible.

Escala A

Siempre es cierto en mi caso: 0 (cero puntos).
Casi siempre es cierto en mi caso: 1 punto
A veces es cierto en mi caso: 2 puntos
Casi nunca es cierto en mi caso: 3 puntos
Nunca es cierto en mi caso: 4 puntos.

1. Tengo alta dificultad para organizar mis ideas y pensamientos. _____
2. Me dicen que soy sumamente desorganizado. _____
3. Me disgusta organizar a la gente. _____
4. Tengo problemas en organizar mis espacios. _____
5. Cuando me piden ser el organizador de eventos, siempre declino. ____
6. El tiempo nunca me alcanza para hacer mis cosas. _____

Escala B

Siempre es cierto en mi caso: 4 (cuatro puntos).
Casi siempre es cierto en mi caso: 3 puntos
A veces es cierto en mi caso: 2 puntos
Casi nunca es cierto en mi caso: 1 punto
Nunca es cierto en mi caso: 0 puntos.

1. Me gusta administrar mi tiempo. _____
2. La gente aprecia lo organizado de mis presentaciones públicas. _____
3. Los demás, me reconocen mi capacidad de organizador._____
4. Tiendo a organizar a la gente. _____
5. Disfruto estar en una oficina ordenada. _____
6. Creo que todo es asunto de estar bien organizado. _____
7. Lo más importante para mi es la organización de las cosas. _____

Mi calificación total fue de ____ puntos.
Puntajes de coeficiente organizativo

Suma de escalas A y B

De 0 a 10 puntos, muy bajo.
De 11 a 21 puntos, bajo
De 22 a 32 puntos, medio.
De 33 a 43 puntos, alto.
De 44 a 52 puntos, muy alto.

Fuente. Elaboración propia.

Capitulo Doce

Inteligencia Competitiva en
Campañas Electorales

1. Introducción

Las campañas electorales, como procesos rutinarios de las democracias modernas, son cada día más competidas entre diferentes partidos y candidatos que buscan obtener la titularidad de la representación pública. En muchos casos, la diferencia entre el éxito y el fracaso en las contiendas es menor a un punto porcentual, explicándose dicha diferencia, en gran medida, por el tino y la calidad de la estrategia política implementada por los ganadores.

Para construir ventajas competitivas sustentables, a lo largo de una elección, se requiere echar mano de algunas herramientas propias de las ciencias administrativas, como lo es la inteligencia competitiva, misma que es definida como el proceso de recolección, análisis y utilización de información relevante y oportuna sobre los competidores, el mercado y el contexto o entorno donde se presenta la contienda, así como, sobre aspectos de desarrollo tecnológico y científico relacionado con el área de las campañas electorales y el proceso de intercambio político voluntario, útiles para la toma de decisiones estratégicas.

La inteligencia competitiva ha sido conceptualizada también como el acceso a tiempo al conocimiento de información relevante en las distintas fases de la toma de una decisión" [Gilad, 1992]. Es el sistema de aprendizaje sobre las capacidades y comportamientos de los competidores actuales y potenciales con objeto de ayudar a los responsables en la toma de decisión estratégica" ([Shrivastava y Grant, 1985].[40]

En el presente escrito, se realiza un análisis del uso de la inteligencia competitiva en las campañas electorales y se describen las principales funciones que cumple la inteligencia competitiva en los procesos electorales bajo un sistema de cuño democrático.

2. Inteligencia competitiva en las campañas.[41]

---

[40] En el área empresarial, la inteligencia competitiva se ha definido también como el proceso de obtención, análisis, interpretación y difusión de información de valor estratégico sobre la industria y los competidores, que se transmite a los responsables de la toma de decisiones en el momento oportuno (Gibbonsy Prescott). Incluye captura de informaciones, tratamiento y análisis de las mismas y el traslado de los resultados en la dirección.

Las campañas electorales exitosas se sustentan en el uso de la inteligencia competitiva, misma que posibilita no sólo avanzar sustancialmente las metas político-electorales, sino, sobre todo, permite generar ventajas que ayudan a derrotar con contundencia a los opositores. Esto es posible ya que su misión central es el posicionamiento estratégico de la organización en su entorno (Cohen).

La inteligencia competitiva incluye la vigilancia de los competidores, el seguimiento sobre la evolución de los mercados electorales, la vigilancia tecnológica y la vigilancia del entorno. La primera, incluye el conocer a los competidores actuales y futuros, saber de sus fortalezas y debilidades. La segunda implica el conocimiento profundo de los electores, de sus emociones, deseos, expectativas, problemas y necesidades, así como del conocimiento del mercado electoral. La tercera incluye las nuevas tecnologías disponibles y emergentes que existen en el mercado o que han sido generadas y se pueden utilizar en las campañas. Finalmente, la vigilancia del entorno implica el conocimiento de los aspectos sociales, económicos y normativos más importantes relacionados con los procesos electorales.

La inteligencia competitiva cumple diferentes funciones en todo proceso electoral, por lo que toda campaña moderna debe incorporar esta herramienta como parte de su formulación estratégica, creando las condiciones estructurales para que se obtenga el mejor de sus beneficios. Las funciones más importantes de la inteligencia competitiva son las siguientes: Permite anticiparse a la competencia; detectar los cambios, por más mínimos que sean, del electorado; conocer mejor el medio o terreno en el que se desarrolla la contienda; saber acerca de las nuevas tendencias y nuevos desarrollos tecnológicos en el mercado; conocer mejor a los adversarios, detectar sus movimientos y acciones tácticas; mejorar la capacidad de respuesta; identificar, anticipar y prever riesgos presentes en el contexto electoral; diseñar e implementar estrategias más competitivas y construir un sistema de información para la toma de decisiones estratégicas y tácticas.

a. Anticiparte a la competencia.

---

[41] La aplicación de esta herramienta en las campañas electorales de forma sistemática y planeada es muy novedosa, iniciándose recientemente en algunos países de América latina. Sin embargo, la vigilancia competitiva tiene muchos más años de uso en esta región.

La inteligencia competitiva permite saber con anticipación a su implementación, los planes y estrategias que los principales opositores impulsarán durante la contienda. Esto posibilita el poder desarticular su efecto pernicioso y anticiparse a las acciones de los competidores, de tal forma, que las posibilidades de éxito de los opositores se vean reducidas significativamente.

Si se sabe, con anticipación, cuál es el trazo estratégico de los competidores, cuál es el plan de acción y los diferentes movimientos tácticos de los principales opositores, entonces se pueden implementar acciones anticipatorias, de tal forma que resulten irrelevantes o incluso hasta poco creativas para los electores.

b. **Detectar los cambios entre el electorado**.

La inteligencia competitiva posibilita, también, el detectar los cambios, por mínimos que sean, entre los electores, sea sobre aspectos de carácter demográfico, político, económico o social. Ayuda también, a conocer, por ejemplo, cuáles son los gustos, deseos, expectativas, experiencias, simpatías y antipatías políticas de los votantes ante el nuevo contexto y circunstancia electoral.

En este sentido, como termómetro, la inteligencia competitiva sirve para detectar cambios sutiles o profundos en el contexto en el que se realizará la elección, así como transformaciones coyunturales o más permanentes de la opinión pública y las preferencias electorales.

c. **Conocer mejor el medio o terreno en el que se desarrolla la contienda.**

La inteligencia competitiva ayuda, también, a conocer el terreno en el que se desarrolla la contienda para determinar mapas de ruta que posibiliten el éxito en las elecciones. El conocimiento del terreno electoral posibilita, además, construir ventajas competitivas que coadyuven a vencer a los adversarios, dotando de información relevante y oportuna para una mejor toma de decisiones estratégicas.

El conocimiento del terreno implica, además, de contar con mapas de navegación, conocer la cultura, la historia y la idiosincrasia de los electores, así como estar al tanto de los grupos de poder y los liderazgos que inciden en la política electoral. Al respecto, Sun Tzu concedía mucha importancia al conocimiento previo del campo de batalla, de las fuerzas del enemigo y su disposición en el terreno, así como un trabajo de inteligencia efectivo. En lo particular, este estratega señalaba "La razón principal por la cual el general sabio conquista al enemigo, es el conocimiento previo."[42]

d. Saber de las nuevas tendencias y nuevos desarrollos tecnológicos.

La inteligencia competitiva consiste en un sistema de minería de datos y de recolección de información oportuna, relevante y estratégica que permita tomar decisiones inteligentes para alcanzar los objetivos organizacionales.

A través de esta herramienta, es posible detectar las nuevas tendencias, hallazgos, investigaciones científicas y nuevos desarrollos tecnológicos y dispositivos aplicables a las campañas electorales. De igual forma, se puede conocer los nuevos planteamientos estratégicos, experiencias de campañas exitosas y movimientos tácticos que generaron resultados en otras latitudes.

Es decir, se debe investigar sobre lo nuevo, lo novedoso y lo moderno en el arte de ganar elecciones tanto a nivel local, nacional e internacional, tratando de incorporar dichos conocimientos y desarrollos tecnológicos para hacer más competitiva la campaña electoral.

e. Conocer mejor a los adversarios.

La inteligencia competitiva permite además, conocer mejor a los principales adversarios, saber sobre sus debilidades y fortalezas, sobre el origen de sus fortunas y sus relaciones; permite conocer sobre su pasado, su *record* en la función pública y sobre su nivel de vulnerabilidad, entre otras cosas.

Al conocer a los adversarios, se posibilita afinar el tino estratégico que permite impulsar acciones y movimientos tácticos para evitar que los opositores obtengan un mayor número de votos, ya sea maximizando sus errores o evidenciando sus debilidades. Al respecto, Sun Tzu decía "Conoce a tu enemigo y conócete a ti mismo y en cien batallas no correrás peligro alguno." Más adelante en su libro seminal, El Arte de la Guerra, agrega "la mejor estrategia consiste en confrontar tus principales fortalezas en contra de las principales debilidades del adversario."

f. Mejorar la capacidad de respuesta

---

[42] Sun Tzu (1980). El Arte de la Guerra, México: Editorial Porrua.

La inteligencia competitiva posibilita mejorar sustancialmente la capacidad de respuesta, ante los embates y embestidas que realizan los adversarios. Es decir, a través del uso de esta herramienta estratégica es posible desarticular los ataques y actuar oportunamente para evitar un "aumento de daños."

Toda campaña electoral competitiva implica un frente de ataque y uno de defensa. La inteligencia competitiva ayuda también a articular una respuesta creativa e inteligente que sea parte de las estrategias no sólo de defensa, sino también de la ofensiva política. Al respecto, Sun Tzu decía, "la mejor estrategia consiste en atacar la estrategia del adversario." Es decir, este principio de estrategia se orienta primero a conocer las estrategias de los adversarios, para luego demolérselas y así dejarlos desarmados e inofensivos.

g. Identificar y prever riesgos presentes y futuros en el contexto electoral.

La inteligencia competitiva ayuda también a identificar y prever riesgos propios de la contienda electoral. Sí sabemos con anticipación cuáles son las "cartas fuertes" de los adversarios, sí sabemos cómo las jugarán y sí sabemos también sobre los tiempos y sus movimientos, entonces tendremos más posibilidades de prever los riesgos y evitar daños por los ataques de los adversarios.

Al respecto, Sun Tzu decía: "Si eres capaz de ver lo sutil y de darte cuenta de lo oculto, irrumpiendo antes del orden de batalla, la victoria así obtenida es una victoria fácil." "Hacerte invencible significa conocerte a ti mismo; aguardar para descubrir la vulnerabilidad del adversario significa conocer a los demás."

h. Diseñar e implementar estrategias más competitivas.

La inteligencia competitiva ayuda, en suma, a diseñar e implementar estrategias electorales más competitivas que posibiliten el triunfo en la contienda, así como a mejorar el tino estratégico y la propia gestión de la estrategia.

De hecho, las campañas electorales se ganan o se pierden a nivel estratégico y táctico. Es decir, la estrategia define, en gran medida, el resultado de la elección. Una campaña con estrategias inteligentes, bien implementadas y operadas seguramente será una campaña ganadora. Por el contrario, una campaña con malas estrategias, sin tino ni articulación precisa, indudablemente será una campaña perdedora.

Al respecto, Sun Tzu decía "Las maniobras militares son el resultado de los planes y las estrategias en la manera más ventajosa para ganar. Determinan la movilidad y la efectividad de las tropas."

i. Construir un sistema de información para la toma de decisiones.

La inteligencia competitiva ayuda, sobre todo, a construir un sistema de información para una toma de decisiones mucho más inteligente y oportuna. Es decir, basándose en el adagio popular que señala que "la información es poder," la inteligencia competitiva posibilita una sistematización y disposición de información estratégica que posibilite alcanzar la titularidad del poder público, al ganar una contienda electoral.

Las diferentes acciones de vigilancia ya sea de la competencia, del mercado, del desarrollo tecnológico, de la gestión del conocimiento y la vigilancia del entorno genera una gran información, misma que puede ayudar para detectar oportunidades y amenazas presentes en la coyuntura electoral. Para construir este sistema de información es necesario dedicar suficientes recursos humanos, materiales, económicos y tecnológicos, así como apoyarse en diferentes estrategias que posibiliten la obtención de dicha información. Al respecto, Sun Tzu decía, "No será ventajoso para el ejército actuar sin conocer la situación del enemigo y conocer la situación del enemigo no es posible sin el espionaje."

j. Construir ventajas competitivas sustentables.

La inteligencia competitiva permite construir ventajas competitivas sustentables que incrementan sustancialmente las posibilidades de ganar la elección. Las ventajas competitivas son aquellas ventajas que posee una organización, partido o candidato sobre otra que compite en la misma elección. Así, la ventaja competitiva es la habilidad para obtener mayor apoyo electoral que los rivales, ya que el objetivo primordial de la organización es la rentabilidad electoral. La ventaja competitiva sostenible es aquella que ha perdurado por un espacio de tiempo suficientemente largo, incluyendo varios procesos electorales.[43]

---

[43] Las ventajas competitivas en una campaña electoral son cinco: la primera tiene que ver con la visibilidad social de la organización partidista o del candidato. Es decir, que lo conozcan, porque si no lo conocen no es una alternativa a elegir. La segunda es la credibilidad. Es decir, que los votantes crean en la organización y en sus candidatos, ya que la credibilidad social se ha convertido en un nuevo factor de poder. La tercera ventaja competitiva es la construcción de un liderazgo político-social, en el que la

Durante una campaña, las ventajas competitivas pueden determinar el éxito o fracaso de las mismas. Una campaña con grandes ventajas competitivas es generalmente ganadora, mientras que una campaña con débiles o escasas ventajas competitivas es una campaña generalmente perdedora. Al respecto, Sun Tzu decía, "las victorias que ganan en batalla no son debido a la suerte. Sus victorias no son casualidades, sino que son debidas a haberse situado previamente en posición de poder ganar con seguridad, imponiéndose sobre los que ya han perdido de antemano."

3. A manera de conclusión

Las campañas electorales son procesos intensos de persuasión y movilización política orientados, por un lado, a ganar el voto mayoritario de los electores y, por el otro, a evitar que los opositores obtengan el triunfo en las elecciones. Es decir, implica dos grandes frentes. Uno para atraer sufragios hacia la causa propia y otros para retirárselos a la competencia.

Las campañas electorales exitosas se sustentan en la inteligencia competitiva, en la que la información, el conocimiento y la tecnología se convierten en armas estratégicas indispensables para la toma de decisiones. De esta forma, la inteligencia competitiva posibilita construir ventajas, impulsar campañas de precisión y, sobre todo, conocer a profundidad a los electores, información que resulta importante para poder articular estrategia y ganar elecciones.

La inteligencia competitiva posibilita el acceso a tiempo al conocimiento y la información relevante en las distintas fases de la toma de una decisión" antes, durante y después de la campaña. Es un sistema de aprendizaje sobre las capacidades y comportamientos de los competidores actuales y potenciales con objeto de ayudar a los responsables en la toma de decisión estratégica" y derrotar de forma contundente a los adversarios.

---

organización y sus candidatos se involucren, relacionen y comprometan con la gente para que, a su vez, la gente mantenga la atención, el interés y, sobre todo, que logre el involucramiento y compromiso de los votantes sobre los planteamientos programáticos y las acciones emprendidas por el partido y sus candidatos. La cuarta ventaja competitiva es el apoyo que los electores puedan ofrecer al partido y sus candidatos y la quinta ventaja competitiva tiene que ver con el voto o sufragio que emita el elector a favor del partido o sus candidatos. En otras palabras, las cinco ventajas competitivas en una campaña electora son: que te conozcan, que te crean, que te sigan, que te apoyen y que te voten.

Decálogo sobre Gerencia de Campañas

1. El candidato debe tener habilidades gerenciales, pero no debe ser el gerente. La gerencia de toda campaña recae en personal capacitado con habilidades técnicas y operativas para planear, organizar, dirigir, controlar las campañas y generar resultados.

2. El gerente es el general de la campaña. El candidato el jefe supremo de la misma. Entre ambos existe plena confianza, comunicación y afinidad de intereses, objetivos y formas de hacer y entender la política.

3. El gerente elabora siempre un plan que contemple el diagnóstico situacional, los objetivos, metas y estrategias a usarse en la campaña. Incorpora, además, en las tareas de coordinación a individuos con perfil, experiencia y talento. El éxito de la campaña se construye con la suma de los éxitos individuales de todos sus integrantes y directivos.

4. El éxito de la campaña depende de la calidad y secrecía de la estrategia. Sun Tzu decía que la mejor estrategia es aquella que está orientada a destruir la estrategia de tus adversarios. Por su parte, Jaime Durán Barba señala que "quien no es capaz de poner por escrito su estrategia es que, muy seguramente, no la tiene."

5. En una elección gana quien tiene mejores ventajas competitivas y el que comete menos errores. De hecho, las campañas no se ganan por los aciertos, se pierden por lo errores. El buen gerente busca siempre estar adelante de la competencia. La prontitud y la innovación son las claves para ir por delante.

6. El éxito de toda campaña depende fundamentalmente del tipo y calidad de liderazgo, información, preparación, organización, comunicación, motivación y ejecución.

7. Un buen gerente tiende a actuar más que a planificar, a hacer más que a teorizar, aunque no desdeña la importancia de la planificación y la teorización.

8. Una campaña inteligente usa el conocimiento, la tecnología y el capital humano profesionalizado como activos importantes para lograr ventajas competitivas y ganar las elecciones.

9. En la política, la percepción (imagen) es la realidad. La gente vota imágenes. Un buen gerente se preocupa y ocupa en construir, difundir y consolidar una buena imagen de su candidato y de la campaña.

10. La política, hoy día, es esencialmente mediática. El *media training* y la *agenda setting* ofrecen a los gerentes y candidatos conocimientos y técnicas precisas para dominar el arte de ser exitosos frente a los medios y persuadir a los electores.

Bibliografía

ANTHONY, R. N. & Govindarajan, V. (1995). *Management control systems*, Richard D. Irwin, 8° edición.

BEGG, D. (2002). *Growth, integration, and macroeconomic policy design: Some lessons for Latin America*, The North American Journal of Economics and Finance, Elsevier, vol. 13(3), pages 279-295, December

BENAVIDES, et al (2005). *Administración*. 1ra. Edición, Mc Graw Hill, México, 2004.

BUSTELO, C. & Amarilla, R. (2001). *Gestión del conocimiento y gestión*. Boletín del instituto andaluz de patrimonio histórico, marzo, año VII, no 34

BUZAN, T. (2003). *El Poder de la Inteligencia Social*. España: editorial Urano.

CANALS, A. (2003). *La gestión del conocimiento*. En: Acto de presentación del libro Gestión del conocimiento (2003: Barcelona)

CAROLL, L. (1865). *Alicia en el país de maravillas*. México, Porrúa.
Carrión, M. J. (2007). *Estrategia de la visión a la acción*, ESIC editorial, 462 páginas.

CASARES, D. (1994). *Liderazgo, Capacidad para dirigir.* México: Fondo de Cultura Económica, FCE.

CASARES, D. A (1994). *Liderazgo capacidades para dirigir.* Fondo de cultura económica, México.

CHIAVENATTO, I. (2001). *Administración: Teoría, proceso y práctica*. Editorial McGraw Hill. Tercera edición. Bogotá. Colombia.

COHEN, C. (2000). Monitoreo del entorno empresarial, inteligencia de negocios y la inteligencia estratégica: conceptos diferentes pero complementarios. Cuadernos de Inteligencia Competitiva, Vigilancia Estratégica, Científica y Tecnológica.

CRONBACH, L. J. (1963). *Course improvement through evaluation*. Teachers College Record, 672-683.

D'AVENI, R.A. (1994): *Hypercompetition: Managing the Dynamics of Strategic Maneuvering*, New York, Free Press.

DAFT, R. L. (2007). *Teoría y diseño organizacional.* Thomson. 9ª edición. México.

DAVID, F. R. (2008). *Conceptos de Administración Estratégica.* Ed. Pearson, México, Decima primera edición.

DURAN, B. J. (2006). *Mujer, sexualidad, internet y política. Los nuevos electores latinoamericanos.* Fondo de cultura económica.

FAYOL, H. (1949). *General and industrial management*, translated from the French edition (Dunod) by Constance Storrs, Pitman.

GARCIA, S. P. (1998). *La inteligencia corporativa para el éxito empresaria*l. Urano, España.

GARDNER, H. (1983). *Frames of Mind: The theory of multiple intelligences.* New York: Basic Books.

GARDNER, H. (2003). *Inteligencias múltiples*, España. Ed. Paidos, 2003.

GIBBONS P. & Prescott, J. (1996). Parallel competitive intelligence processes in organisations. *International Journal of Technology, Special Issue On Informal Information Flow Management*, Vol. 11, nº 1-2.

GILAD, B. (1992). *What you don´t know, can burt you: formalizing competitive intelligence activities.* Journal of AGSI.

GOLEMAN, D. (1995). *Inteligencia Emocional.* Kairos. Barcelona.

HALAL, W. (1997). Organizational intelligence: What is it, and how can managers use it? Disponible en: http://www.strategy-business.com/briefs/97413.html

HILL, C. W. L & JONES, G. R. (1996). *Administración Estratégica, Un enfoque integrado.* México: Ed. Mc Graw Hill.

KASPAROV, G. (2007). Estrategia y arte de vivir. España: Editorial Piper.

KOONNTZ H. & O´Donnell, C. (1975). *Elementos de administración moderna.* McGraw-Hill, México, Traducción de: essentials of management.

LERMA, K. A. (1995). *Como organizar una campaña política.* EDAMEX, México.

LUQUE, T. (1996). *Marketing Político, un análisis del intercambio político.* Ed. Ariel Economía. Barcelona, España. Pág. 177.

MARTINEZ, M. S. & Salcedo, R. A. (1999). *Diccionario electoral 2000.* Instituto nacional de estudios políticos. México.

NAPOLITAN, J. (1972). *The Election Game and How to Win It.* Garden City, NY: Doubleday & Company.

NOHLEN, D. (1981). *Sistemas electorales del Mundo*, Madrid, Centro de Estudios Constitucionales, Munchen: Piper.

PORTER, M. (1995). *Estrategia competitiva, Técnicas para el análisis de los sectores industriales y de la competencia.* México: CECSA.

PORTER, M. (1996) "What is Strategy", *Harvard Business Review*, Nov/Dec 1996.

ROBBINS, S.P (1987) *Comportamiento organizacional. Concepto, controversias y aplicaciones.* México, Prentice-Hall Hispanoamericana.

SALOVERY, P. & Mayer, J.D. (1995). Emotional Intelligence. *Imagination, Cognition and Personality*, Vol. 9, 185-211

SHRIVASTAVA P. & Grant, J. (1985) Empirically Derived Models of Strategic Decisión-Making Proceses. *Strategic Management Journal*, Vol. 6.

SOBRINO, J. (2002). *Competitividad y ventajas competitivas: revisión teórica y ejercicio de aplicación a 30 ciudades de México. Estudios Demográficos y Urbanos,* vol. 17, num. 2.

THORNDOKE, E. L. (1920). A constant error in psychological ratings. *Journal of Applied Psychology*, Vol 4, 469-477.

TOMIOKA, A. (1990). *A corporate intelligence model: a new paradigm.* Westport CN: Quorum Books.

TYLER, R. W (1950.) *Basic Principles of Curriculum and Instruction.* Chicago, Chicago University Press.

TZU, Sun. (1980). El Arte de la Guerra, México: Editorial Porrúa

VILLAREAL, R. (2003). *La competitividad sistémica: conceptos y condiciones en México*, Facultad de Economía, UNAM, 187-208.

WARD G. G. (2003). *Inteligencia del alma* por José María Doria. Libros en red.

WARREN, G. B. (1961). *Revisionist theory of leadership*, Harvard Business Review, Vol. 39.

Anexos

Administración de la Derrota Electoral y Reconstrucción del Capital Político: Un análisis del caso Brasil y México

> El fracaso electoral de hoy, puede ser
> potencialmente la base del éxito político del mañana.

1. Introducción

Las campañas electorales son procesos rutinarios de las democracias modernas para elegir representantes populares, en las que se busca construir mayorías a través de la obtención del voto de los ciudadanos (Dahl, 1989 y Huntington, 1989). Estas campañas generan indistintamente, por un lado, un grupo de candidatos ganadores y, por el otro, uno de perdedores (Varela, 2000). Es decir, la democracia electoral implica someterse a la decisión popular manifestada en las urnas y, por lo tanto, siempre habrá ganadores y perdedores, así sea por un margen mínimo de diferencia (Schumpeter, 1947 y Sartori, 1987).

Por su parte, una cultura democrática implica respetar los resultados electorales, producto de una decisión libre y soberana de los ciudadanos, así como abstenerse de realizar prácticas coercitivas, fraudulentas o contrarias a los principios democráticos antes, durante y después del proceso electoral, reconociendo el resultado final, sea este favorable o adverso (Gómez *et all*, 2005).

Sin embargo, en países con democracias emergentes la cultura del "conceder" o aceptar el triunfo de los opositores por parte de los perdedores es muy endeble, producto, por un lado, de la persistencia de prácticas y acciones pre-democráticas que salpican y manchan los comicios electorales, pero, sobre todo, de la falta de madurez y visión política de los candidatos perdedores que participan en los procesos electorales (Moreno, 2003).

De esta forma, en lugar de tratar de explicar su derrota debido a sus errores, insuficiencias y debilidades, sean estás estratégicas o coyunturales, se trata de culpar a los adversarios de haber impulsado acciones fraudulentas o de enfrentar elecciones inequitativas para tratar de explicar el resultado adverso. Incluso, en muchos de los casos, se impugna no sólo el resultado final ante los tribunales electorales competentes, judicializando los procesos electorales, sino que se llama a movilizaciones nacionales de protesta política para denunciar el "fraude electoral," evitar la "toma de protesta" de los nuevos gobernantes o, inclusive, se forman "gabinetes alternos" y se declaran "gobernantes legítimos," para tratar de diferenciarse de los "gobernantes legales" producto de las elecciones que ellos llaman fraudulentas.

Este tipo de actitud, genera un mayor nivel de conflictividad social, que se traduce en un prolongado conflicto poselectoral, cuyo propósito central es deslegitimar a la autoridad gubernamental y al propio proceso electoral, incluyendo sus instituciones. Sin embargo, muchas veces, más que deslegitimar a la autoridad gubernamental, estas actitudes obstruccionistas y acciones poselectorales de cuño "revanchista" deslegitiman a los propios candidatos perdedores, generándoles un alto costo político, ante la incapacidad de poder gestionar adecuadamente su derrota. Es decir, sus acciones generan un tipo de efecto *boomerang* en la que el daño que creen o piensan causar a sus adversarios se les revierte, reduciendo la posibilidad de volver a contender en las próximas elecciones como candidatos competitivos.

En el escrito, se revisa este proceso, se analizan dos casos en América latina, uno exitoso (Brasil) y otro fracasado (México) en la que no se supo administrar la derrota, se señalan algunas de las ventajas de saber gestionar adecuadamente un resultado electoral adverso y se permiten algunas recomendaciones para reconstruir capital político a partir de la propia derrota electoral.

Este es un trabajo de carácter exploratorio, sustentado en el estudio de caso, cuyo objetivo central es el dotar a los candidatos y precandidatos a un puesto de elección popular de ciertos elementos indicativos para normar su juicio y poder administrar, de forma creativa e inteligente, la derrota electoral, siendo capaces de mantener y crecer su capital político en la derrota.

2. Administración de la derrota

La palabra administrar implica una conducción racional de actividades, esfuerzos y recursos con el fin de alcanzar a corto, mediano o lago plazo los propósitos buscados, imprimiendo, a su vez, cierta lógica a las decisiones y acciones realizadas. En este sentido, administrar la derrota[44] implica tomar decisiones inteligentes y oportunas, de tal forma que, a pesar de no ser favorecido con el resultado electoral, independientemente de la causa, el capital político que se obtuvo durante el proceso electoral no sólo se mantenga, sino que eventualmente crezca o se incremente de cara a un nuevo proceso electoral.[45]

Es decir, saber administrar la derrota implica asumir, por un lado, una actitud de responsabilidad y madurez democrática, ya que en toda democracia se gana o se pierde hasta por la mínima diferencia, y, por el otro, de cálculo político, sobre las ventajas y desventajas que puede generar en un futuro, el aceptar un resultado electoral adverso, independientemente de su origen. ¿Cuáles son estas ventajas y desventajas? Hablemos primero de las ventajas, desde la perspectiva de la estrategia electoral.

En primer lugar, posicionarse ante la opinión pública como una persona con una madurez democrática al aceptar los resultados oficiales del proceso electoral, lo cual puede redundar en un futuro en mayores dividendos políticos.

En segundo lugar, visualizarse como un político con una actitud de responsabilidad con el sistema político y sus instituciones, al respetar el fallo final de las autoridades electorales, a pesar de ser adverso.

---

[44] Así como es importante saber administrar la derrota, igualmente importante es saber administrar el triunfo, evitando la soberbia, los excesos y la arrogancia.

[45] Al respecto, el político británico Winston Churchill decía "el éxito es aprender a ir de fracaso en fracaso sin desesperarse." Por su parte, el deportista norteamericano Michael Jordan señalaba "he fallado una y otra vez en mi vida, por eso he conseguido el éxito."

En tercer lugar, conservar las lealtades de los votantes que sufragaron a favor de su candidatura y su partido, esperando mejores tiempos para volver a buscar el espacio de representación pública.

En cuarto lugar, ante el eventual fracaso de los gobernantes opositores, posicionarse en amplios sectores sociales como una alternativa diferente, seria, responsable y benéfica de gobierno.

En quinto lugar, lograr una mayor visibilidad y reconocimiento social, presentándose como un opositor responsable que redundará en el futuro en una mejor imagen pública.

En sexto lugar, poder negociar posiciones, recursos y paquetes de políticas públicas con los gobernantes electos orientadas a cubrir los compromisos partidistas de campaña y la agenda propia de gobierno.

En séptimo lugar, aprovechar momentos para la reflexión sobre los motivos de la derrota, tratando de convertir los errores en aprendizajes, que ayuden a sustentar una candidatura exitosa en tiempos venideros. Finalmente, ganar tiempo para la reorganización y definición de la estrategia política que transforme la actual derrota en un eventual triunfo en el futuro.

Las desventajas de aceptar, sin cortapisa, la derrota electoral, son básicamente tres, a nivel de percepción social.

En primer lugar, mostrarse ante la opinión pública y sus seguidores, principalmente los más radicales, como un político conformista, entreguista y, sobre todo, acomodaticio y complaciente con los ganadores.

En segundo lugar, verse como una persona sin principios ni carácter, cómplice de una elección fraudulenta, que ha negociado "por debajo" el resultado electoral a cambio de posibles beneficios personales o de grupo.

Finalmente, mostrarse como un político carente de valentía y/o coraje para enfrentar a sus adversarios, que demuestra poco brío y arrojo en momentos claves de definición política.

3. Construcción del capital político.

Existen diferentes conceptualizaciones de lo que es capital político. Gutiérrez (2001) y Lechner (1984), por ejemplo, definen el capital político como la elaboración de contenidos ideológicos, con la producción de significaciones, de interpretaciones de la realidad cristalizadas en un discurso". Por su parte, Bourdieu señala que el capital político es la legitimidad que tiene el individuo para actuar en política, es una especie de crédito social, una creencia socialmente difundida respecto a su valor (Miguel 2004).

Para el presente trabajo, se entenderá por capital político el conjunto acumulado de haberes políticos (notoriedad, aceptación, simpatía, apoyos, capacidad de influencia y liderazgo) que tiene un candidato, partido o coalición de partidos políticos, mismo que se expresa por el número de votos que obtiene en un proceso electoral determinado. Es decir, el capital político es un capital simbólico que se materializa en apoyos y simpatías populares que se traducen en votos en un proceso electoral.[46]

Ahora bien, la política debe ser entendida como un procesos de construcción, que implica esfuerzo, sacrificio, dedicación y, sobre todo, perseverancia para poder sobrevivir en este campo tan competido, incierto y dinámico. De hecho, el mejor político es aquel con vocación de arquitecto o ingeniero civil, que se dedica a construir capital político, entendido éste como construcción de imagen, buena reputación, credibilidad, confianza, liderazgo y, sobre todo, capacidad de influencia (Mann, 2004).

De esta forma, construir capital político se convierte en una actividad rectora de los políticos exitosos, que bajo un sistema de impronta democrática se puede materializar, por ejemplo, en un mayor número de votos durante un proceso electoral. Sin embargo, como todo capital, este puede incrementarse o disminuir de acuerdo a la forma como se le "invierta," gestione o maneje, y a la propia circunstancia que se esté viviendo.

Ahora bien, la pregunta en cuestión es sí es posible construir capital político a pesar de perder una elección popular. La respuesta es, sin duda, afirmativa, ya que toda democracia implica, de cierta manera, la alternancia y rotación de partidos y grupos políticos en el poder, determinado por la capacidad o competencia que se tenga para poder ganar elecciones. De hecho, toda campaña electoral está orientada a construir capital político, tratando de gestionar el afecto de los electorales para ganar su voto y evitar que los adversarios logren ganar el cargo de representación. Los ganadores de los comicios son los que más capital político construyen y los perdedores menos, pero ambos logran avanzar, de cierta forma, sus propósitos políticos. Además, todo sistema democrático implica, intrínsecamente, la posibilidad de que las minorías se conviertan en el futuro en mayorías y las mayorías en minorías.

Si es posible construir capital político en la derrota, la pregunta consecuente es ¿cómo lograr construir este tipo de capital? La respuesta no es sencilla, ni existe una receta mágica ni un camino único. A continuación, se enlistan algunas acciones y recomendaciones que pueden ayudar a construir o reconstruir capital político a pesar de la derrota electoral.

---

[46] Existen otras conceptualizaciones de capital político. Por ejemplo, de acuerdo a Guillermo Solarte Lindo (2005), se debe entender como capital político a la capacidad que tiene un territorio para orientar sus procesos sociales, económicos, culturales y ambientales de forma acertada y con la suficiente legitimidad para que tengan sostenibilidad. Es así como el capital político se entiende como todos aquellos mecanismos que facilitan, promueven, garantizan derechos, deberes y procesos que fortalecen la democracia. El capital político es, por ejemplo, no la participación o los niveles de participación, sino los mecanismos que la garantizan; tampoco el nivel de participación, sino aquellas normas, entidas que los promueve o incentiva. El capital político o debe asumirse como todo el conjunto de instituciones, entendidas de forma amplia, que son escenario jurídico, legal y organizativo, que garantizan derechos y sostienen la democracia como proyecto político compartido por la sociedad. La ausencia de un sólido capital político significa una frágil democracia y una alta posibilidad para que lo ilegal o lo informal se constituyan en la base de decisiones que afectan a toda la sociedad. No es la política electoral la base del capital político de una sociedad (Véase Solarte, Lindo Guillermo (2005). La democracia, un escenario político en contra de la pobreza, Bogotá, en http://www.misionrural.net/publicaciones/contenido_publica.htm, fecha de consulta: 10 de mayo del 2011.

En primer lugar, es recomendable mostrar en los hechos una actitud responsable, que anteponga el interés general de la nación por encima del interés particular o de grupo, para aceptar la derrota a pesar de la celebración de elecciones que pudieran haberse percibido como inequitativas y del impulso de presuntas acciones fraudulentas llevadas a cabo por los adversarios, mismas que pueden y deben, en su momento y forma, ser denunciadas públicamente y ante los tribunales competentes por el propio candidato y su partido. Es decir, aceptar no implica necesariamente callar o conceder sobre las acciones antidemocráticas que pudieran haberse impulsado por los adversarios durante el proceso electoral.

En segundo lugar, es aconsejable posicionarse como una oposición moderada, colaboracionista con las causas que generan el bien de la nación y nunca como una oposición radical, obstruccionista del desarrollo del país y su gobierno.

En tercer lugar, es conveniente seguir con la posición critica del gobierno, especialmente cuando se comenten excesos, errores, escándalos y, sobre todo, cuando se incumplen las promesas de campaña, tratando de evitar simplemente ser percibidos socialmente como oposición radical, obstruccionista y destructiva.

En cuarto lugar, es sugerible el ser precavidos con las acciones impulsadas como oposición, principalmente en la etapa inmediata al proceso electoral, tratando de evitar ser identificados por la población como políticos revanchistas, "ardidos" o como personajes que "no saben perder" o aceptar una derrota electoral.

En quinto lugar, es necesario seguir con el trabajo político, buscando ampliar la presencia y cercanía con los electores, trabajando por las causas que se consideren justas y apoyando las decisiones, políticas y acciones que contribuyan al desarrollo y bienestar del país y sus habitantes, sin importar quien las proponga o impulse.

Finalmente, es recomendable seguir impulsado la agenda de gobierno que se ofertó durante la campaña, atendiendo a los grupos de electores afines a su partido y a sus principios ideológicos y, sobre todo, seguir en la brega política con presencia y participación en los asuntos de interés del partido.

4. El caso Luis Ignacio Lula da Silva.

Luis Ignacio Lula da Silva fue tres veces candidato perdedor a la presidencia de la república de Brasil entre 1989 y 1998. Antes, en 1982, también había perdido la elección para el gobierno regional del estado de Sao Paulo.

En su primer intento por buscar la presidencia, en 1989, fue derrotado por Fernando Collor de Melo, candidato del Partido de Renovación Nacional. Lula obtuvo el 47 por ciento de los votos como candidato del Partido de los Trabajadores (PT), mientras que Collor de Melo logró el 53 por ciento de los sufragios.

En su segundo intento, en 1994, Lula fue derrotado otra vez, pero ahora en la primera vuelta por Fernando Enrique Cardoso, candidato del Partido Social Demócrata de Brasil (PSDB), quien había ocupado el Ministerio de Hacienda y había sido factor clave para la estabilización económica y financiera del país a través del Plan Real. En 1998, Lula vuelve, otra vez, a competir en contra de Fernando Cardoso y vuelve a perder, obteniendo tan sólo el 32 por ciento de los votos.

En estos tres intentos, Lula da Silva siempre mostró una actitud responsable y moderada, reconoció el triunfo de los opositores y, sobre todo, siguió en la lucha política por avanzar y defender los derechos de los trabajadores brasileños, principal bandera electoral del PT.

No fue sino hasta el 2002, después de un arduo proceso de aprendizaje y maduración política, que Lula da Silva gana, en su cuarto intento, la presidencia de Brasil, adoptando una visión menos radical de la política y presentándose ya como un candidato moderado y no sólo como líder sindical. Es decir, se realiza una metamorfosis de su imagen, de sindicalista a estadista, con posicionamientos centristas sobre la política nacional e internacional.

En enero del 2003, asumió la presidencia de la república, tras ganar las elecciones con el mayor número de votos de la historia democrática brasileña (52,4 millones de sufragios) alcanzando el 61 por ciento de la votación. En el 2006, se reelige como presidente compitiendo, en primera y segunda vuelta, en contra de Geraldo Alckmin, candidato del PSDB. En esta elección Lula obtuvo el 60.8 por ciento de los votos, mientras que Alckmin logró solo un 39.2 por ciento.

Para noviembre del 2010, Lula da Silva era considerado una de las personalidades políticas más influyentes del mundo y fue evaluado como el mejor presidente de América latina, con un 83 por ciento de aprobación por sus ciudadanos.[47] En la elección de ese año, Dilma Rousseff, candidata del PT, logró ganar la elección presidencial con el 56 por ciento de los votos, gracias, en gran medida, a la popularidad de Lula y a sus resultados de gobierno, principalmente en materia económica y política social.

5. El caso Andrés Manuel López Obrador (AMLO).

En el 2006, se celebraron elecciones en México, donde participaron por la presidencia de la república cinco candidatos. Por el Partido Acción Nacional (PAN) compitió Felipe Calderón Hinojosa; por la Alianza por México, integrada por el Partido Revolucionario Institucional (PRI) y el Partido Verde Ecologista de México (PVEM), participó Roberto Madrazo Pintado; por la Coalición por el Bien de Todos, integrada por el Partido de la Revolución Democrática (PRD), el Partido del Trabajo (PT) y el Partido Convergencia (PC), compitió Andrés Manuel López Obrador,[48] por el Partido Alternativa Socialdemócrata y Campesina (PASC), participó Patricia Mercado Castro; y por el Partido Nueva Alianza, Roberto Campa Cifrián.

---

[47] Al parecer, Lula da Silva tomó en seria la frase de inventor norteamericano Thomas Alva Edison que señala "Las personas no son recordadas pro el número de veces que fracasan, sino por el número de veces que tienen éxito.

[48] López Obrador fue Jefe del gobierno del Distrito Federal y Presidente del Partido de la Revolución Democrática.

De acuerdo a los resultados dados a conocer por la autoridad electoral, Felipe Calderón ganó la elección al obtener el 35.89 por ciento de los votos, mientras que López Obrador obtuvo el 35.33 por ciento y Madrazo el 22.23 por ciento. Por su parte, Patricia Mercado obtuvo el 0.96 por ciento y Campa Cifrián un 2.71 por ciento de los sufragios. Esta fue una elección controvertida, que generó un grave conflicto postelectoral, en la que AMLO, alegando acciones fraudulentas y una elección inequitativa, desconoció e impugnó el resultado, se declaró ganador, convocó a una protesta nacional, llamó presidente espurio a Calderón, nombró un gabinete alterno y se auto-designó como presidente legitimo de México.

Durante varios años (2006-2010), impulsó acciones de protesta y desobediencia civil, se ha negado, hasta la fecha, a reconocer al presidente y ha impulsado diferentes políticas de corte obstruccionista en contra del gobierno federal, lo que le generó criticas y un gran desgaste político. De hecho, lo que en su momento fue el "efecto López Obrador," que generó una gran simpatía y apoyo popular para su causa y persona, se convirtió en "defecto," generando rechazo y antipatía entre millones de electores mexicanos.

En la pasada elección presidencial del 2012, López Obrador y su coalición partidista, perdieron la contienda por un margen cercano al 7 por ciento con respecto de su principal opositor, Enrique Peña Nieto, postulado por el Partido Revolucionario Institucional (PRI) y el Partido Verde Ecologista de México (PVEM).

Este caso muestra que la actitud tomada por el candidato, al no saber administrar adecuadamente su derrota, independientemente de las causas de ésta, llevó a dilapidar un gran capital político, caso contrario a lo que se observó en Brasil con Lula da Silva.

6. Comentarios finales

Las campañas electorales son procesos rutinarios de las democracias modernas con el fin de persuadir a los electores para construir mayorías y elegir mediante el voto a los representantes populares o a los titulares de un cargo de elección popular. Estos sistemas, se caracterizan por la pluralidad y competencia entre diferentes fuerzas políticas y donde las minorías electorales de hoy, pueden llegar a ser mayorías en el futuro (Ibinarriaga 2009).

Una característica distintiva de los procesos y las campañas electorales es que siempre habrá ganadores y perdedores. Por un lado, partidos y candidatos que se alzarán con el triunfo y, por el otro, partidos y candidatos que tendrán que conformarse con un segundo o tercer lugar en la contienda.

Bajo este tipo de sistema basado en la competencia política, es importante que los candidatos estén preparados para ganar, pero también para perder, ya que en toda democracia siempre hay ganadores y perdedores, aunque, es necesario decirlo, los triunfos y los fracasos electorales son siempre efímeros.

Los casos analizados, principalmente el de Brasil, muestra que sí se es competente para gestionar inteligentemente la derrota electoral, se puede conservar y/o reconstruir el capital político y es factible poder lograr el triunfo en futuros procesos electorales. Es decir, luego de la derrota, es posible alcanzar la victoria. Sin embargo, este triunfo se tiene que construir a partir de decisiones y movimientos tácticos y estratégicos inteligentes, orientados a reposicionar y reconstruir el capital político, nunca a dilapidarlo, como fue el caso de López Obrador en México.

En otras palabras, es importante saber gestionar la derrota electoral y conservar y reconstruir el capital político,[49] ya que en una sociedad democrática, el fracaso electoral de hoy puede ser potencialmente la base del éxito del mañana. Todo dependerá de la competencia o incompetencia de los candidatos y sus partidos para aprender del fracaso y saber administrar la derrota, tanto en la esfera política, social, familiar y personal. Recuérdese que "el voto es de quien lo trabaja" y en una sociedad diversa y compleja "el individuo que se levanta, después de haberse caído una o varias veces, es aún más grande que el que nunca ha caído.

---

[49] Para construir este capital ante un escenario de derrota es recomendable asumir actitudes moderadas y posiciones que antepongan el interés general por encima del interés particular o de grupo. Es aconsejable, además, cuando se aceptan con anticipación las "reglas del juego," respetarlas a pesar de lo adverso del resultado.

Bibliografía

DAHL, Robert A (1989). Poliarchy. Participation and Opposition. Madrid: Tecnos Editorial.

GOMEZ, Hernando; Hernández, Andrés y Arciniegas, Elizabeth (2005). La Democracia a Gran Escala: Condiciones Políticas. Curso en Teoría de la Democracia. Escuela Virtual para América Latina y el Caribe. PNUD.

GUTIÉRREZ, D. (2001). Sujetos y Cultura Política en Sonora. México: Ed. Plaza y Valdés.

HUNGTINGTON, Samuel (1989). The Sober Meaning of Democracy. Public Studies Magazine N°33, Santiago de Chile.

IBINARRIAGA José Adolfo y Roberto Trad Hasbun (2009). *El arte de la guerra electoral.* Madrid: Campus Libris.

LECHNER, N. (1984). Teoría y Política en América Latina, Especificando la Política. México: ed. CIDE.

MANN, Heinrich (2004). Por una Cultura Democrática. Escritos sobre Rousseau, Voltaire, Goethe y Nietzsche. Madrid: Ed. Aula Magna.

MIGUEL, Luis Felipe (2004). Los Medios de Comunicación Brasileños: Algunas Consideraciones. Brasil: Universidad de Brasilia.

MORENO, Alejandro (2003). El Votante Mexicano. Democracia, Actitudes Políticas y Conducta Electoral, México: Editorial Fondo de Cultura económica,

SARTORI, Giovanni (1987). Elementos de Teoría Politica. Madrid: Alianza Editorial.

SCHUMPETER, Joseph A. (1947). Capitalism, Socialism and Democracy. Harper. New York.

VARELA, Ortega José y Medina Peña Luis (2000). Elecciones, Alternancia y Democracia. España: Biblioteca Nueva.

La Investigación de Mercados para la
Estrategia Política en las Campañas Electorales.[50]

I. Introducción

La investigación de mercados electorales, en forma de encuesta o estudio de opinión sobre las preferencias políticas, es una práctica común en América latina que realizan candidatos, dirigentes partidistas, medios de comunicación e instituciones de educación superior[51] en la que los diferentes grupos y partidos políticos en disputa buscan conservar o alcanzar posiciones de poder político o de representación pública.

Este tipo de estudios, generalmente están orientados a conocer el posicionamiento de los diferentes partidos y sus candidatos en un momento electoral, pero poco se utilizan como método para articular y diseñar las estrategias de campaña. Es decir, hasta hoy en México las encuestas sólo han servido como instrumento de diagnóstico sobre el posicionamiento de los candidatos y partidos (y muchas veces sólo como instrumento de propaganda), pero la investigación de mercados no ha sido utilizado para realizar el trazo estratégico de los partidos y candidatos en disputa.

De acuerdo a la American Marketing Association, *la investigación de mercados es la función que vincula al consumidor, al cliente y al público con el mercadólogo a través de la información – información que se utiliza para identificar y definir oportunidades y problemas de mercadotecnia; generar, afinar y evaluar las acciones de mercadotecnia como un proceso. La investigación de mercados específica la información requerida para atender estos aspectos, diseña el método para recabar la información, administra e implementa el proceso de recolección de datos, así como analiza y comunica los hallazgos y sus implicaciones.*[52]

Para Malhotra (1997) *la investigación de mercados es la identificación, recopilación, análisis y difusión de la información de manera sistemática y objetiva, con el propósito de mejorar la toma de decisiones*

---

[50] Este capítulo fue realizado en coordinación con Jorge Alberto Godínez García de la empresa demoscópica IMO.

[51] Esta tendencia demoscópica se inscriben dentro del proceso de transición hacia la democracia que ha hecho que los sistemas electorales sean más competitivos.

[52] *American Marketing Association. Definición oficial de la investigación de mercados* (Aaker, Kumar, & Day, 2007, pág. 4).

relacionadas con la identificación y solución de problemas y oportunidades de mercadotecnia.

Ahora bien, la investigación de mercados electorales debe formar parte de la estrategia, misma que a su vez debe cumplir, al menos, cinco características especiales: Primero, se elaboran antes de que se realicen las acciones; Segundo, se desarrollan de manera consciente; Tercero, buscan un propósito determinado; Cuarto, proporcionan ventajas sobre los competidores y; Quinto, siempre deben renovarse. Es decir, requieren reinventarse frecuentemente. [53]

Toda estrategia de campaña parte, por un lado, del conocimiento de la opinión pública, las percepciones sociales y la conducta y comportamiento del elector y, por el otro, del conocimiento de los adversarios, sus fortalezas, debilidades y su nivel de posicionamiento político. En este juego estratégico, moldear la percepción social e influir en la opinión pública es fundamental. De ahí la necesidad de conocer y diagnosticar la opinión pública a profundidad, usando diferentes metodologías tanto cuantitativas como cualitativas.

El estudio de la opinión pública, que es un caso específico muy particular de los estudios de mercado, se remonta a los tiempos antiguos, ya que, de cierta manera, la *vox populi* en la Roma antigua fue el antecedente de lo que hoy conocemos como opinión pública. Entre algunos de los autores, dentro de la sociología política, que se han encargado del estudio de la opinión pública, desde diferente perspectiva teórica, se encuentran John Locke, Rousseau, Immanuel Kant, Hegel, Alexis de Tocqueville, Carlos Marx, Burke, Bentham, Constant y Guizot, entre otros. Sin embargo, el estudio de opinión, como el de la democracia tiene antecedentes griegos.

En la actualidad, existe una débil tradición de uso de la investigación de mercados como instrumento estratégico en las campañas electorales. En contraposición existen muchas empresas demoscópicas que la realizan, pero la literatura especializada al respecto es muy escaza.

De acuerdo a Fernández, Hernández y Ocampo (2007) los estudios de mercado y, en lo particular, los "sondeos de opinión para ser útiles deberán ser de calidad. Realizar estos estudios de calidad toman su tiempo y deben encargarse a una agencia externa, no al partido o fuerza política" para evitar la simulación y el autoengaño. Este tipo de investigaciones debe estar orientado a conocer a los electores, conocer

---

2. Véase Valdez Zepeda, Andrés (2005). Mercado y Democracia: La política en la era moderna, Ed. Instituto Electoral del Estado de Chihuahua, p. 86.

a los adversarios, conocer la elección y las circunstancias, así como la coyuntura en el que se realizan los comicios.

En este orden de ideas, el presente anexo está orientado a conocer los principales métodos y técnicas de investigación de mercados que pueden usarse para ayudar en la definición y articulación estratégica de partidos y candidatos a ocupar un puesto de representación pública durante las campañas electorales.

Se parte de la idea de que la investigación de mercados es una actividad estratégica muy importante que ayuda a los competidores en una contienda electoral a dotarse de información relevante y oportuna para tomar decisiones más certeras y construir de esta forma ventajas competitivas en la lucha por el poder político.

II. Principales métodos y técnicas de investigación de mercados electorales.

Entre los principales métodos y técnicas de investigación de mercados para el diseño, desarrollo, evaluación y modificación de las estrategias de campañas, se encuentran 1) las encuestas de opinión; 2) el tracking; 3) el panel electoral; 4) el *focus group* y 5) las entrevistas a profundidad. Todos estos métodos y técnicas son de gran utilidad para aportar información necesaria en la toma de decisiones racionales y en la articulación estratégica durante las campañas electorales.

1) Las encuestas y estudios de opinión.

Durante los procesos electorales, se pueden utilizar diferentes métodos e instrumentos para conocer a los votantes y saber con precisión acerca de sus preferencias electorales. Al respecto, desde la perspectiva de su nivel de representación se pueden resumir en dos tipos de encuestas electorales: las probabilísticas y las no probabilísticas (entre las que se encuentran las muestras de cuotas).

a. Los muestreos probabilísticos.

De acuerdo a Pérez López (2005) un muestreo probabilístico es "cuando pueda establecerse la probabilidad de obtener cada una de las muestras que sea posible seleccionar." Sin embargo, esta conceptualización es correcta, pero no precisa, ya que existe en el ámbito académico la falsa creencia de que un muestreo es probabilístico si todos los elementos tienen la "misma" probabilidad de ser seleccionados como parte de la muestra. Por ejemplo Hernández Sampieri, Fernández y Baptista

(2006) apuntan que en un muestreo probabilístico "todos los elementos tienen la misma posibilidad de ser escogidos." Creemos que, al respecto, la mejor definición de un muestreo probabilístico lo da Kish (1982) quién señala que "en el muestreo probabilístico, cada elemento de la población tiene una probabilidad conocida y no nula de ser seleccionado", lo que implica que no necesariamente deben tener la misma probabilidad, pero si conocida.

Los muestreos probabilísticos no aceptan el reemplazo en ninguna de sus etapas y se debe buscar, a toda costa, a la persona seleccionada. Por ejemplo, al ser elegida una vivienda y si en ésta viven 3 personas y al ser sorteadas se elige a la tercera persona, pero esa persona elegida no está, será necesario regresar a esa vivienda para encuestarla sin reemplazarla; de ahí que el marco muestral de estudios electorales probabilísticos sea económicamente costoso.

b. Los muestreos no probabilísticos.

Hernández Sampieri *et al* (2006) definen la muestra no probabilística como *subgrupo de la población en la que la elección de los elementos no depende de la probabilidad, sino de las características de la investigación.*

Es decir, de acuerdo a esta conceptualización un muestreo de encuestas electorales sobre una base no probabilística no necesariamente es malo o disfuncional, ya que existen diferentes métodos exitosos, como el usado por muchos años por el Centro de Estudios de Opinión de la Universidad de Guadalajara (CEO). En su época, el CEO aplicaba generalmente las encuestas con muestreo por cuotas con levantamiento en la vía pública. En este mismo sentido, por ejemplo, las encuestas electorales en Inglaterra en la elección presidencial de 1997 fueron telefónicas y tuvieron un gran acierto. Por consiguiente, este tipo de estudios sobre una base no probabilística son recomendables y, en muchos casos, pueden ser mucho más certeros y confiables, además de más económicos.

Una encuesta llevada a cabo por la vía telefónica, por internet o por correo, no necesariamente el muestreo es no probabilístico. Recuérdese que la definición de probabilístico en ningún momento habla del medio por el que la persona fue entrevistada. Por lo tanto, lo importante es la forma de selección, más no el medio por el que fue encuestado. En el caso de las encuestas telefónicas electorales para la república mexicana, por ejemplo, no puede ser probabilístico porque no cubre la totalidad de la población. Sin embargo, en muchas ocasiones las casas encuestadoras se ven en la necesidad de realizarlas y una buena opción para generar una aproximación aceptable de los resultados es aplicar correctamente los factores de expansión correspondientes correlacionados con la pregunta principal que generalmente es la intención del voto.

c. Los muestreos de cuotas.

Cochran (1977) menciona que el muestreo de cuotas es un método para sondeos de opinión. Agrega que los n_h requeridos de cada estrato se calculan por adelantado, de modo que la estratificación sea proporcional. Contrario a Cochran (1977), se debe considerar que no necesariamente la estratificación debe ser proporcional, pues para eso existen los factores de expansión o post estratificación.[54] Sobre esto, es conocido que el enumerador de un programa computacional tiene instrucciones de seguir muestreando hasta obtener la cuota necesaria en cada estrato. Si el enumerador elige cuotas al azar, el método sería probabilístico. En general, el muestreo por cuota puede describirse como un muestreo aleatorio estratificado con una selección más o menos aleatoria.

El muestreo por cuotas fue desarrollado por Cherington, Roper, Gallup y Crossley. Sus estudios de opinión fueron difundidos ampliamente después de la elección presidencial de Estados Unidos de 1936, (Cochran, 1977). Este muestreo tiene características simples, razón por la cual de inmediato fue aceptado. De hecho, incluirlo en una encuesta fue la moda, ya que por muchos casos diferentes casas encuestadoras famosas lo habían utilizado exitosamente. Otra ventaja de está técnica es que ofrece una disminución de costos.

En los últimos años ha sido reemplazado por otras técnicas de muestreo probabilístico que han representado un importante avance en la materia. El muestreo por cuotas fue novedoso en la década de los cincuenta en los Estados Unidos y, en el caso de México, la cultura de las encuestas y los estudios demoscópicos tomaron una mayor importancia a partir de la elección federal de julio de 1988. El mayor uso de las encuestas por muestreo, según Stephan y McCarthy (1974) se debió a los costos bajos con los que operaba, éste es uno de los aspectos fundamentales que explica la necesidad de hacer uso del muestreo por cuotas. Es decir, la razón central es de carácter económico.

---

[54] Para mayor información ver (Lohr, 2000, págs. 112-113).

Para el caso de elecciones locales en México, las encuestas se institucionalizaron con la creación del Centro de Estudios de Opinión (CEO) de la Universidad de Guadalajara en el estado de Jalisco. Durante muchos años, este centro de estudios de opinión utilizó las encuestas por cuotas de género y edad, la delimitación geográfica era la sección electoral, el muestreo que se utilizó hasta el año 1998 era probabilístico en las etapas iníciales y, en la última etapa de selección, era de cuotas. Al respecto, la principal argumentación por la que se utilizaron las cuotas es porqué al predominar en un régimen semi autoritario en el que imperaba el partido hegemónico de Estado (PRI) como eje rector de la política partidista, la gente no opinaba libremente y al ser interceptada en la calle y viviendo en su sección electoral el encuestado se sentía libre de opinar y sobre todo decir la verdad. Esta técnica fue, por muchos años, una buena alternativa que generó resultados confiables y certeros hasta que el CEO se vio en la necesidad de cambiar al muestreo probabilístico, que en esa época era una "moda mundial."

A nivel internacional, el 9 de abril de 1992, John Major, candidato de los conservadores en Inglaterra, ganó las elecciones y rompió con el paradigma de la cientificidad e infalibilidad de los estudios probabilísticos. En ese año, diferentes encuestas por cuotas publicadas en la prensa inglesa daban como ganador al Partido Laborista, con un punto porcentual de diferencia. Sin embargo, en el momento del conteo de la votación, el Partido Conservador obtuvo la victoria por una diferencia de 8 puntos porcentuales. De esta manera, este resultado significó el peor desastre de los últimos 50 años de las agencias encuestadoras (Crewe, 1997). Desde entonces, se realizaron debates sobre las metodologías, entre las ventajas (como se comentó del muestreo por cuota es el costo), pero de qué sirven costos bajos si los resultados no eran acordes a la realidad. Desde luego, entró en la discusión si era mejor lo probabilístico o lo no probabilístico, así como sobre las ventajas y desventajas de cada tipo de muestreo (Curtice & Sparrow, 1997).

The Market Research Society por conducto de un panel de académicos y casas encuestadoras, identificaron 3 causas principales del error (Crewe, 1997).

La primera fue un cambio repentino para los conservadores en la víspera electoral. Asimismo, en el día de las elecciones el voto fue volátil, porque casi un 21% del electorado cambió de opinión durante la campaña, comparado con 19, 15 y 13% en las tres elecciones previas. Las entrevistas mostraron, además, que en las últimas 36 horas cerca del día de la elección, algunos ciudadanos que habían declarado abstenerse de ir a votar, votaron y viceversa.

La segunda fue un error de diseño de muestreo. Los encuestadores fueron capacitados para entrevistar a determinado número de personas de acuerdo a su edad, género, clase social y ocupación. Por lo general, género y edad sólo se relacionan débilmente con el voto, pero la clase social corrobora y fortalece la información. Sin embargo, es difícil para los aplicadores levantar con precisión las encuestas, ya que tendían a no encontrar respondientes de la clase social que se les requería.

La tercera causa fue la espiral de silencio, un término acuñado por la investigadora Elizabeth Noelle Newman, para referirse a la tendencia de la gente a evadir o permanecer en un clima hostil de opinión a sus alrededores, especialmente evitando responder, por ejemplo, la pregunta ¿Por quién va a votar?, respondiendo no sé o simplemente no contestaron.

Cabe destacar que las fuentes para definir las cuotas se obtenían de diferentes destinos y éstas no coincidían en las empresas encuestadoras. Por ejemplo, Gallup utilizó cuotas con referencia a proyecciones de la oficina nacional de estadística. Las cuotas más comunes que aplican MORI, Gallup, NOP, BSA, BEPS e ICM fueron sexo, edad, ocupación, nivel socioeconómico y clase social, la suposición del uso de las cuotas es bajo el supuesto de lograr mayor dispersión de las encuestas (Crewe, 1997).

Una variable de cuota no necesariamente está relacionada con la característica de la entrevista, entonces ¿para qué definirla?. Algunas empresas demoscópicas desean obtener demasiada información al detalle, lo que ocasiona que se pierda el objetivo principal y además se generan problemas en campo por la dificultad de completar la cuota. Por consiguiente, deben hacerse solamente variables asociadas fuertemente con la característica de la entrevista, en este caso la intención del voto (Curtice & Sparrow, 1997). Para el año de 1997, en las elecciones de Inglaterra, las encuestas volvieron a generar confianza por su atino. Sin embargo, el método que aplicaron Gallup e ICM, que fueron las agencias que más se acercaron al resultado, fue mediante vía telefónica que según Curtice y Sparrow (1997) fue un método que les funcionó y que probó tener éxito.

2. El tracking (análisis de grupo).

De acuerdo a Malhotra (1997), el tracking "es el diseño de muestra representativa múltiple que consiste en una serie de estudios realizados en un intervalo apropiado". Malhotra también menciona que "el análisis de grupo se utiliza además para pronosticar los cambios en las opiniones de los votantes durante una campaña política." Investigadores de mercados, como Louis Harris o Gallup preguntan a los votantes sobre sus preferencias electorales en los intervalos apropiados, lo que define a sus estudios como una técnica de tracking.

En México, es muy común que se realice el tracking mediante encuestas electorales probabilísticas aplicadas en vivienda. También es común que se realicen estudios de tracking diarios vía telefónica. En la actualidad, los *call centers* o las casas encuestadoras especializadas son las encargadas de llevarlos a cabo.

En el caso de la investigación de estudios políticos, se define al tracking como los estudios recurrentes a través del tiempo sobre la preferencia electoral y éstos pueden ser independientes o acumulativos. El tracking es un seguimiento para mostrar tendencias, lo que en la política le llaman "ver la película."

Al respecto y en relación con las campañas electorales, se puede decir que *una vez puestas en operación las estrategias se requiere evaluarlas de manera constante. Es decir, se necesita evaluar lo realizado en relación con los objetivos y metas establecidas, recomendándose una evaluación de tipo diagnóstica, con el apoyo de encuestas y sondeos de opinión sobre la evolución de las preferencias electorales (Valdez 2002 y 2008).* Ante esta consideración, el tracking es una opción para estar evaluando las campañas de manera constante. L*a evaluación sirve también para retroalimentar la campaña y tomar decisiones oportunas, que pueden ir desde la continuación de la campaña en la misma dirección, hacer algunos cambios y adecuaciones estratégicas, o, por el contrario, realizar cambios drásticos y oportunos para evitar el fracaso en la elección (Valdez, 2005).*

3. El estudio de panel.

Según Benassini (2009) "el panel es un término anglosajón que implica la recolección de información de manera periódica, mismos que son representativos como unidad muestral". Sin embargo, la definición de Benassini (2009) es imprecisa, porque un panel se diferencia de un tracking en que en el panel los integrantes permanecen constantes y en el tracking no. En busca de una mejor definición, Malhotra (1997) lo conceptualiza como una "muestra de entrevistados que han aceptado proporcionar información a intervalos específicos durante un período prolongado".

El panel lo vamos a definir como una muestra recurrente donde los elementos seleccionados permanecen durante el periodo de estudio. Sin embargo, el panel electoral no debe ser de periodos prolongados, debido a la dinámica de los electorales que es creciente y cambiante.

Para las elecciones presidenciales del año 2006, por ejemplo, se llevó a cabo un panel patrocinado por el Instituto Tecnológico de Massachusetts (MIT) con un otorgamiento de la National Science Foundation (NSF SES 0517971) en Estados Unidos, en colaboración con el periódico Reforma de México. (Chappell & Moreno, II Semestre de 2007, pág. 438)

Con respecto a dicho estudio, se resumen los hallazgos más relevantes del Panel, así como la metodología.

Sobre la metodología, Chappell y Moreno (2007) realizaron el "Estudio Panel México 2006" mediante encuesta con tres rondas o encuestas de entrevistas a mexicanos adultos que contaban con credencial para votar con fotografía. El mismo documento define que la primera ronda se llevó a cabo en octubre de 2005 y consistió en una muestra nacional de 1,600 adultos, así como, dos sobre-muestras, una a 500 adultos residentes en el Distrito Federal, y la otra a 300 adultos en localidades rurales de Jalisco, Oaxaca y Chiapas, sumando así un total de 2,400. Los investigadores tuvieron la oportunidad para desagregar su análisis y evaluar el cambio de opiniones y preferencias dentro de cada uno de esos segmentos de la población, así como del electorado en general.

La ventaja de un panel es que se tiene de primera mano la información en los cambios de preferencia electoral, una vez identificado el individuo se pueden realizar otro tipo de estudios cualitativos. Según Chappell y Moreno (2007), la segunda ronda que se llevó a cabo en abril y mayo del 2006, aproximadamente diez semanas antes de la elección presidencial, y la tercera, tuvo lugar en julio, una vez pasados los comicios.

El mismo documento nos muestra una de las debilidades del panel y es que en cada ronda se intentó entrevistar a la totalidad de los participantes, pero la tasa de deserción en la segunda ronda fue de aproximadamente 26%, mientras que en la tercera fue de 33%.

Únicamente el 57% de los panelistas fue entrevistado en las tres rondas.

Sobre los hallazgos del panel, mismos que pudieron haber utilizado los partidos políticos y sus candidatos para modificar o afinar sus estrategias de campaña se puede decir lo siguiente:

Según estos investigadores (Chappell & Moreno, II Semestre de 2007, pág. 448) *la contienda presidencial del 2006 en México estuvo caracterizada por tres tendencias: 1) el aumento en el apoyo a Felipe Calderón; 2) Un apoyo relativamente estable a Andrés Manuel López Obrador y 3) un declive constante a Roberto Madrazo.* El mismo documento dice que *no queda claro qué tipos de votantes cambiaron sus preferencias y por qué. Para ello, el estudio panel nos da algunas respuestas.*

El estudio de panel puede detectar los cambios de preferencia electoral de manera precisa. Este tipo de estudio señala que "los indecisos en octubre de 2005 eran doblemente probables de favorecer a López Obrador sobre Calderón, pero hacia julio, eran ligeramente más probables de haber votado por el candidato del PAN. Sin duda, el panel tiene la capacidad de otorgar cifras precisas de tasas de cambio en las preferencias entre una opción y otra. Además, permite identificar cada segmento e identificar el por qué de las causas del cambio en su preferencia y decisión electoral. El documento en comento nos menciona que del 100% de los simpatizantes de Roberto Madrazo abanderado por el PRI, el 27% optó por Calderón, mientras que sólo el 15%, lo hizo por López Obrador.

Finalmente, el resultado del panel se resume en el siguiente cuadro:
Si hoy fueran las elecciones para presidente de la República, ¿por quién votaría usted?

Candidato	Octubre 05	Mayo 06	Julio 06
Felipe Calderón	23%	31%	41%
Roberto Madrazo	26%	25%	18%
Andrés Manuel López Obrador	31%	31%	33%
Bernardo de la Garza	4%	0%	0%
Roberto Campa	0%	1%	1%
Patricia Mercado	0%	3%	2%
Otros	1%	1%	0%
Ninguno	3%	1%	0%

No sabe	2%	2%	0%
No contestó	10%	6%	4%
TOTAL	100%	101%	99%

Fuente: Chappell & Moreno, II Semestre de 2007, pág. 460.

La encuesta de julio no coincide con el resultado oficial dado a conocer por el Instituto Federal Electoral (IFE) de estos comicios muy competitivos, ya que la elección fue muy cerrada con menos de un punto porcentual entre el ganador y el segundo competidor. De acuerdo al IFE, los resultados fueron los siguientes: 35.89% de Felipe Calderón (PAN) contra 35.31% de Andrés Manuel López Obrador (Alianza por el Bien de Todos).

En defensa de los resultados del panel, se puede argumentar que siempre existe una tendencia de sesgo sobre el ganador, lo que no pone en duda, de ninguna manera, la calidad de este tipo de investigaciones y métodos. En suma, el estudio de panel se utiliza principalmente para conocer el porcentaje de ciudadanos que deciden cambiar su preferencia electoral, dotando de elementos informativos importantes para conocer las causas que generan dichos cambios en su comportamiento y decisión electoral.

4. Entrevistas en profundidad.

La entrevista en profundidad es una "entrevista personal en la que un entrevistador sondea a un solo entrevistado a fin de descubrir motivaciones, creencias, actitudes y sentimientos ocultos sobre un tema" (Malhotra, 1997, pág. 174). En el estudio de panel, se mencionaba que de manera directa se pueden identificar las personas que en lo particular cambiaron de decisión. Con el uso de esta metodología cualitativa, se puede profundizar y conocer las razones específicas y ocultas del cambio, mismas que pueden ayudar a mejorar o afinar la estrategia durante una campaña electoral.

Este tipo de estudios cualitativos ayudan a identificar temas para la campaña, conocer los temores, filias, fobias y sentimientos de los votantes. Ayudan también a conocer la forma como están procesando los votantes la campaña para detectar áreas de oportunidad y definir estrategias persuasivas.

5. Focus Group.

Aaker, Kumar y Day (2007) definen a los Focus Group como *personas agrupadas cuya actividad se centra en una serie de temas presentados por un líder de discusión. A los miembros del grupo se les alienta a expresar sus propios puntos de vista sobre cada tema y que complementen o reaccionen a los puntos de vista de los demás miembros. Al respecto, Hernández Sampieri et al (2006)* recomiendan de 7 a 10 casos por grupo y además cuatro grupos por cierto tipo de población.

Este tipo de investigación cualitativa es muy útil para definir la estrategia electoral, conocer los temas de interés de los votantes y definir pautas de acción en materia de comunicación persuasiva durante las campañas electorales.

III.   A manera de conclusión

La investigación de mercados en el área electoral es un campo relativamente nuevo en México. Su origen data de la década de los ochentas, muy ligado al proceso de transición hacia la democracia, la construcción del mercado electoral y al fin del partido hegemónico de Estado.

La investigación de mercados ayuda a conocer mejor a los electores, saber de sus problemas, necesidades, expectativas, deseos, emociones y sueños. Sirve también para conocer a los opositores, saber de sus fortalezas y debilidades, así como para conocer la elección y el estado de ánimo de los votantes.

La investigación de mercados se apoya en métodos cuantitativos y cualitativos. Los primeros ayudan a cuantificar los fenómenos, no necesariamente explican la causa que lo genera. Los segundos ayudan a entender mejor el comportamiento de los electores y a conocer a profundidad lo que incide en el comportamiento de los votantes. En este sentido, bien se puede decir que los primeros son una fotografía, mientras que los segundos son una especie de radiografía.

El uso de las investigaciones tanto cuantitativas como cualitativas se ha generalizado durante las campañas, convirtiéndose en una verdadera necesidad de los participantes para tratar de lograr construir y sostenes ventajas competitivas en la búsqueda o conservación del poder político. Sin embargo, el reto es utilizar este tipo de investigaciones como instrumento estratégico ya no sólo de diagnóstico sociopolítico, sino también para el diseño y la articulación estratégica.

Hasta hoy día, la gran mayoría de los estudios del mercado electoral en México han estado orientados a conocer el posicionamiento de los partidos y sus candidatos, pero pocas veces se han utilizado para definir la estrategia electoral. Sin embargo, este tipo de herramientas deberían ser utilizada, también, como medio estratégico para ganar las elecciones.

La estrategia define el resultado. Es decir, las campañas electorales se ganan o se pierden a nivel estratégico y táctico. En este sentido, la estrategia es destino. La investigación de mercados es el medio idóneo y el instrumento metodológico para incrementar la inteligencia competitiva que posibilite el éxito en la lucha electoral. Una campaña exitosa depende, en cierta medida, de una buena investigación de mercados.

BIBLIOGRAFIA

Aaker, D. A., Kumar, V., & Day, G. S. (2007). *Investigación de mercados* (4a ed.). México: Limusa Wiley.

Benassini, M. (2009). *Introducción a la investigación de mercados* (4a ed.). México: Pearson Educación México.

Chappell, L., & Moreno, A. (II Semestre de 2007). El estudio Panel México 2006: midiendo el cambio de opiniones durante la campaña presidencial. *Política y gobierno , XIV* (2), 437-465.

Cochran, W. G. (1977). *Sampling Techiniques* (3rd ed.). U.S.A.: John Wiley & Sons, Inc.

Crewe, I. (1997). *The Opinion Polls: Confidence Restored?* England: Oxford University Press.

Curtice, J., & Sparrow, N. (1997). How accurate are traditional quota opinion polls? *Journal of the Market Research Society , XXXIX* (3).

Fernández Collado, C., Hernández Sampieri, R., & Ocampo Eliseo, J. (2007). *Marketing político e imagen de gobierno en funciones* (3a ed.). México: Grijalbo.

Hernández Sampieri, R., Fernández Collado, C., & Baptista Pilar, L. (2006). *Metodología de la Investigación* (4a ed.). México: McGraw-Hill Interamericana.

Institito Federal Electoral (IFE). (31 de Marzo de 2009). *Estadísticas del padrón electoral y lista nominal*. Recuperado el 2009, de http://www.ife.org.mx

Kish, L. (1982). *Muestreo de encuestas.* México: Trillas, S.A.

Lohr, S. L. (2000). *Muestreo: Diseño y análisis.* México: International Thomson Editores, S.A. de C.V.

Malhotra, N. K. (1997). *Investigación de mercados, un enfoque práctico* (2a ed.). México: Prentice hall hispanoamericana, S. A.

Pérez López, C. (2005). *Muestreo Estadístico.* España: Pearson Educación, S.A.

Stephan, F. F., & Mc Carthy, P. J. (1974). *Sampling Opinions and Analisys of Survey Procedure.* Westport, Connecticut, USA.: Greenwood Press Publisher.

Valdez Zepeda, A. (2002). *El ABC de la mercadotecnia política.* México: Universidad de Guadalajara.

Valdez Zepeda, A. (2008). *Estrategia total para campañas electorales - Estudio de casos exitosos-.* México: Paradigmas y utopías.

Valdez Zepeda, A. (2005). *Mercado y democracia: La política en la era moderna.* México: Talleres Gráficos del Gobierno del Estado de Chihuahua.

Valdez Zepeda, A. (2002). *Teoría y práctica del marketing político.* México: Universidad de Guadalajara.

Inseguridad Pública y
Comportamiento de los Electores:
Un Análisis del Caso de Ciudad Juárez, México[55]

1. Planteamiento del problema

América latina está enfrentando una severa crisis de seguridad pública, manifestada por el incremento sustancial del índice de inseguridad, violencia, comisión de delitos y ejecuciones, así como por la proliferación de peligrosos grupos de criminales y narcotraficantes.

Esta crisis ha puesto en entredicho la función constitucional del Estado de otorgar seguridad pública a sus habitantes, trastocando también la legitimidad de los gobernantes en turno ante el ascenso de la violencia y el crimen.

Para el caso de México, la inseguridad ha alcanzado niveles sin precedentes. En los últimos años, el país ha visto amenazada seriamente la paz social y la convivencia ciudadana, se ha trastocado ante el aumento significativo de los asesinatos, secuestros, robos y extorciones a lo largo y ancho del país. De acuerdo a la Organización de las Naciones Unidas, México ocupa el quinto lugar mundial con altos índices de delincuencia y el treceavo lugar en delitos del furo común.[56] Las causas que han generado dicho incremento son diversas, las cuales van desde la pobreza y marginación en la que viven millones de mexicanos, la violencia y desintegración familiar, la falta de oportunidades de estudio y trabajo para millones de jóvenes, así como por la relativa "alta rentabilidad" que las actividades criminales generan entre los grupos delictivos, la alta impunidad, la corrupción de los cuerpos policiacos y la falta de estrategias de seguridad exitosas, entre otras razones.

Una de las ciudades de México que más ha sufrido por el aumento del índice de delincuencia ha sido Ciudad Juárez, localizada en el estado norteño de Chihuahua, la cual es catalogada como "la ciudad más insegura del mundo." El aumento sustantivo de la criminalidad ha hecho que esta metrópoli aparezca muy frecuentemente en la nota roja en la prensa nacional e internacional, primero por los feminicidios[57] y después por los llamados juvenicidios.

El aumento de la criminalidad y la alta inseguridad pública ha generado efectos devastadores en materia económica y turística, amén de los daños psicológicos y sociales para los habitantes de esta metrópoli.

Ahora bien, el 4 de julio del 2010 se realizaron los comicios para elegir al presidente municipal de esta ciudad, así como para votar por los diputados locales y el gobernador del

---

[55] Este capítulo fue realizado en colaboración con Abraham Paniagua y Mariana Morales de la Universidad Autónoma de Chihuahua.

[56] Véase Encuesta Internacional de Criminalidad y victimización, 2009, ONU.

[57] Durante varios años, cientos de mujeres fueron asesinadas en Ciudad Juárez, lo que generó que la

estado de Chihuahua, actualmente gobernada por el Partido Revolucionario Institucional (PRI). Es decir, Ciudad Juárez enfrentó una elección local (municipal y estatal) en un contexto de una de la más severa crisis de seguridad pública y alta criminalidad de su historia.

El presente anexo buscó indagar sobre los efectos o impactos que la crisis de seguridad pública que sufre esta ciudad pudo generar en el comportamiento y conducta del elector. Es decir, el objetivo de la investigación se orientó a tratar de conocer la relación que existe, si es que la hay, entre crisis de seguridad pública y orientación del voto de los electores en Ciudad Juárez, México.

Las preguntas de investigación que se trataron de resolver fueron las siguientes:
Existe relación o no entre la percepción social sobre la crisis de inseguridad pública en Ciudad Juárez y el comportamiento de los electores? Si existe, ¿Qué tipo de relación es está (negativa o positiva)? ¿Cuál será el costo electoral para el partido gobernante?¿Qué ventajas o beneficios políticos le generaron la crisis de seguridad pública a los principales partidos y candidatos que contendieron en las elecciones?

2. Hipótesis

En esta investigación, se plantearon tres hipótesis alternativas orientadas a explicar el efecto que genera la crisis de seguridad pública en el comportamiento electoral de los votantes. Estas hipótesis fueron:

a. La afectación o percepción sobre la existencia de la crisis de seguridad pública genera ciertos niveles de malestar, incertidumbre y miedo entre los electores, lo cual, en un momento electoral, ayuda a los partidos de oposición a aumentar el porcentaje de votos obtenidos en una elección y reduce el porcentaje de votos que obtiene el partido gobernante.

b. La crisis de seguridad por sí misma no genera votos para la oposición, lo que genera votos son las estrategias (principalmente de comunicación) que utilizan los partidos de oposición, quienes aprovechando el malestar que genera la crisis entre los votantes, movilizan sus emociones (ira, miedo y la esperanza de mejora) al ser exitosos en responsabilizar de la crisis al partido gobernante.

c. La existencia de la crisis de seguridad no genera votos ni a favor de la oposición ni en contra del partido en el gobierno, ya que la decisión de los votantes, en un momento electoral, responde a otro tipo de motivaciones de carácter político y económico.

3. Metodología

Para esta investigación, se procedió a realizar, en un primer momento, una revisión bibliográfica sobre las teorías que explican el comportamiento del elector, enfatizando en las teorías que explican el comportamiento del votante a partir de consideraciones de carácter racional y emocional. En un segundo momento, se realizó una revisión extensa hemerográfica y en Internet de estudios y artículos sobre el impacto que la crisis de seguridad estaba generando entre los electores.

En un tercer momento, se levantó una encuesta aleatoria en la vía pública entre 385 electores de ciudad Juárez Chihuahua entre los días 12 y 15 de abril del 2010 para saber su opinión sobre la actual crisis y su vinculación con su comportamiento electoral. La población de la Ciudad Juárez era de 1.4 millones de habitantes para diciembre del 2008. Se omitió a aquellos ciudadanos que dijeron militar en un partido político, ya que se considera que su militancia predefine, de cierta forma, su comportamiento electoral. Se consideró un error estadístico de $+_-5\%$ y una confiabilidad del 95% (Scheaffer 1987 y Lohr 2000). La selección de los entrevistados fue mediante una muestra aleatoria por conglomerados.

Finalmente, se procedió a explicar el comportamiento de los electores y el resultado de los comicios locales del 2010 en Ciudad Juárez, tomando en cuenta tanto los resultados de la encuesta en comento sobre preferencias electorales, así como los postulados centrales de las diferentes teorías sobre la conducta del elector. Se decidió realizar la encuesta en la Ciudad Juárez debido a que es la zona metropolitana con mayor índice de delitos de México.

4. Estado del Arte

A pesar de que la seguridad pública se ha convertido en un serio problema internacional, no existen estudios serios que traten de conocer con precisión el impacto de la inseguridad pública y la alta criminalidad en el comportamiento del elector. Sin embargo, si existen trabajos de investigación que abordan el estudio de la violencia política y la guerra civil en el comportamiento de los votantes. Tales son los casos, por ejemplo, de los trabajos de Fernández de Mantilla y Aguilera (2002), [58]Sandoval (2007)[59] y López (2007). En este mismo sentido, se encuentran los estudios de Blais y Carty (1991), quienes señalan que los aspectos psicológicos, relacionados con el entorno que percibe el votante del medio en el cual habita y se desenvuelve socialmente, inciden en la decisión personal y colectiva del voto a partir de la percepción de riesgo en la decisión de participación social.

---

[58] Fernández y Aguilera (2002) señalan que la violencia política puede convertirse, en algún momento, en un agente persuasivo del comportamiento electoral y que la propia violencia política ya es, por si misma, un fenómeno social persuasivo. Respecto de la inclinación del voto, preferencias electorales y filiaciones políticas por parte de los electores en comicios desarrollados en un contexto de alta violencia política, como el caso de Santander en Colombia, sostienen que se presenta una fuerte tendencia para favorecer a opciones políticas diferentes a las que representan e identifican a los partidos políticos tradicionales, aumentando el apoyo hacia los grupos y partidos políticos independientes.

[59] Sandoval (2008) concluye que "en las elecciones locales, las acciones unilaterales de la guerrilla y los combates entre el gobierno y la guerrilla, son las acciones de conflicto que mayor incidencia tienen en los resultados electorales." En consecuencia, "las acciones de conflicto, sean de carácter paramilitar o guerrillero en todas las elecciones analizadas en Colombia durante los años 1997 y 2006, tienden a explicar el comportamiento de los resultados electorales determinados en torno a la participación, concentración y polarización electoral..."

Ahora bien, sobre el estudio de los efectos que las campañas generan, independientemente del contexto en el que se desarrollan, en la conducta de los votantes existe una amplia bibliografía y diferentes teorías que se han construido en los últimos años, tratando de explicar el impacto que las estrategias de comunicación política usada en las campañas electorales genera en la conducta de los votantes. Estos estudios incluyen, también, los efectos que los medios de comunicación generan en los votantes por la "agenda informativa" que privilegian, así como por el tratamiento mediático que hacen estos medios de los asuntos que conciernen a una determinada audiencia.

Por ejemplo, la teoría de los efectos, impulsada por lo que se conoce como la Escuela de Sociología de Chicago en los años cuarentas, sostuvo que los medios de comunicación ejercen un fuerte poder sobre las ideas de las personas y, en lo particular, señala que durante los procesos electorales existe una influencia directa de la comunicación política en la conducta de los votantes,[60] de tal manera que el resultado de los comicios electorales es determinado o afectado por el tipo y carácter de la campaña (Mendelsohn y O´Keefe, 1976, Noélle-Neumann, 1983).[61] Es decir, más que el contexto en el que se desarrolla la elección, en un sistema de cuño democrático, la comunicación política en las campañas electorales es determinante y define el carácter de la representación pública, de tal forma que las preferencias de los votantes se rigen por las circunstancias de cada elección (Patterson 1980; Iyengar, Peters y Kinder 1982; Page, Shapiro y Dempsey 1987, Bartels 1988 y Fan 1988). De esta manera, de acuerdo a esta concepción, las preferencias electorales de los votantes siempre pueden ser modificadas por las campañas y, en lo particular, por la comunicación política (Graber, 1980, Campbell *et al* 1992, Geer 1988, Norris *et al* 1999).

Sin embargo, existen otras apreciaciones teóricas que contradicen los supuestos de la teoría de los efectos, como es el caso de la teoría conocida como de la Universidad de Columbia, la cual postula que las campañas no son determinantes para el resultado final de los comicios, cumpliendo solamente un papel de reforzamiento de predisposiciones electorales generadas por una previa identidad partidista, social e ideológica (Lazarfeld, Berelson y Gaudet 1944, McCombs y Shaw, 1972, Butler y Kavanagh, 1997). En este sentido, las campañas electorales son importantes sólo porque activan y refuerzan predisposiciones latentes existentes entre los votantes, lo cual no resulta en la ganancia de nuevos adherentes, sino más bien, ayudan a la prevención de la pérdida de los votantes ya inclinados o anclados favorablemente, generando efectos mínimos sobre la conducta del elector (Heath et al, 1991).

---

[60] Por ejemplo, Jaime Sánchez Susarrey señala "insistir en que serán los candidatos, las campañas y los debates los que definirán al ganador (de la elección) es correcto." Véase "Calderón Entrampado," periódico Mural, Guadalajara, Jalisco, 4 de febrero del 2006, p. 7.

[61] Al respecto, por ejemplo, en una encuesta realizada por el CEO de la Universidad de Guadalajara a 300 habitantes de la zona metropolitana de Guadalajara sobre los efectos de los medios en la construcción de opinión pública, el 48.3 por ciento de los entrevistados consideró que los personajes públicos pueden influenciar a la sociedad con lo que comunican a nivel masivo, un 33.7 por ciento señaló que si, pero solo influyen a algunas personas, el 11.6 por ciento afirmó que no y el 6.4 por ciento dijo que no sabía o que no le interesa (Véase Ingrid Michelle Mendoza Gallardo, *La mediatización y la construcción de opinión pública*, en Gaceta Universitaria No. 418, p. 4, 12 de diciembre del 2006).

En este mismo sentido, Kappler (1960), señala que los medios de comunicación de masas no son la causa habitual de los cambios en el comportamiento o las actitudes de los electores, sino más bien, sirven para reforzar, a través de la exposición, percepción y retención selectiva, las disposiciones preexistentes.[62] Los medios de comunicación operan en el seno de un grupo de influencias, como la familia, la religión, los amigos, la escuela, etc., los cuales son más importantes en la creación de actitudes, creencias y comportamientos (Cooper y Jahoda, 1947).[63]

Por su parte, la teoría económica del voto, también conocida como de elección racional, que, por cierto, difiere igualmente de los postulados de la teoría de los efectos, apunta que las utilidades esperadas por los votantes de los resultantes de su acción política generan preferencias sobre los diversos cursos de acción de los ciudadanos (Downs, 1957). Los electores prefieren los candidatos y partidos que le generan una real o perceptivamente mayor utilidad (Kreps, 1990). El ciudadano reconoce su propio interés, evalúa a todos los candidatos y partidos, según sus intereses personales y vota por el que mejor valora (Enelow y Hinich, 1984). En este sentido, las campañas no generan efectos persuasivos mayores, ya que el resultado electoral puede predecirse en función de unos pocos indicadores económicos (Sanders, 1997).

En los últimos años, han surgido nuevas concepciones teóricas y estudios empíricos que recalcan la importancia creciente de los medios de comunicación y, en lo particular de la televisión, en la conducta del elector en un contexto caracterizado por la agudización de la crisis de credibilidad de la política e identidad de la gente con los partidos y la extenuación de las ideologías, así como por el papel crecientemente protagónico que están jugando en las campañas la personalidad, imagen y carisma de los candidatos (Campbell *et al.* 1992; Geer 1998; Norris *et al,* 1999). Es decir, estas nuevas concepciones, como por ejemplo, la teoría de los efectos cognitivos,[64] la *agenda setting*[65] y de la persuasión política, apuntan que las campañas si influencian la conducta de los votantes (Patterson 1980).

Todos estos últimos estudios sobre el efecto de las campañas, los medios y la comunicación política en la conducta del elector, así como las investigaciones que abordan el análisis de la violencia política en su relación con el comportamiento del votante, aportan luces para el mejor entendimiento de la conducta del elector en un contexto de severa crisis de seguridad pública. Sin embargo, no existen estudios serios que hablen, en lo particular, sobre los efectos que generan en la conducta de los votantes la crisis de seguridad pública.

---

[62] Kappler, Joseph, 1960, The Effects of Mass Communication, Glencoe, IL, Free Press.

[63] Cooper, E. M. Jahoda, 1947, *"The evasion of propaganda: How prejudiced people respond to anti prejudiced propaganda"*, en the Journal of Psychology, Vol. 23, pp. 15-25.

[64] Esta teoría señala que los individuos tratan de mantener sus actitudes, creencias y comportamientos de acuerdo entre si, prestando atención a los mensajes que estén en consonancia con sus opiniones previas, buscando información que refuerce su decisión, por ejemplo, prestando atención a los spots de campaña del candidato a favor del cual se ha decidido, protegiéndose, a su vez, de información que cuestione su decisión (Festinger, 1957). El individuo puede distorsionar, deformar, interpretar incorrectamente o argumentar en contra de la información disonante que apoya al candidato por el que no se ha decidido.

[65] MaCombs y Shaw (1972) creadores de esta teoría, señalan que los medios de comunicación consiguen transferir al público la importancia que otorgan a los temas que se discuten en campaña y de esta manera los candidatos y partidos influyen en los votantes.

Es decir, las investigaciones que se han realizado en la orbe, principalmente en los Estados Unidos, Europa y algunos países latinoamericanos, como Colombia, El Salvador y Nicaragua, se han enfocado en el papel que han jugado las campañas, los medios de comunicación, la violencia política y, la guerra civil, en la conducta del electorado, pero no han particularizado en indagar sobre el efecto que generan, en lo particular, la crisis de seguridad pública en la conducta del electorado.

5. Inseguridad, Miedo e Ira entre los Electores

La alta inseguridad pública, manifestada en el aumento de los niveles de criminalidad, genera la movilización de dos emociones básicas del ser humano: miedo o ira. Miedo a ser víctima de los actos delictivos y malestar social por que es una responsabilidad del Estado el proporcionar seguridad a sus habitantes.

Estas dos emociones, se han usado como instrumentos de control, dominación, persuasión y movilización política por parte de las elites y grupos gobernantes, desde épocas inmemorables.

Primero fue el miedo a la furia de los dioses y a la ira de la naturaleza, así como a las pestes por las destrucciones y cataclismos generados. Después, fue el miedo a las guerras producidas por la disputa de los imperios por territorios y riquezas, ante los efectos devastadores que las confrontaciones bélicas generaban. En tiempos más modernos, bajo regímenes autoritarios y totalitarios, fue el miedo al comunismo, al militarismo y a los gobernantes tiranos, quienes se legitimaban en el poder por el uso de la fuerza y la instauración de una política del terror hacia sus opositores. Hoy día, bajo sistemas democráticos, es el miedo a la criminalidad y a la violencia, a la debacle económica, a la pobreza, a los radicalismos y al terrorismo, entre otros fenómenos.

De esta forma, el miedo y la ira se han constituido como políticas de Estado y como instrumentos de control y dominación, generando pueblos atemorizados, indignados y fastidiados. Ante un mundo con más violencia y criminalidad, aumenta más el miedo social y la ira de los ciudadanos ante la impotencia y la frustración que esta grave situación genera.

La construcción y el ejercicio del poder político se sustentan, en parte, con base en la movilización de las emociones y sentimientos del ser humano. Ya no se apela a la razón, sino al sentimiento y la emoción de la gente. En este estratagema, el miedo, verdugo de la creatividad y la libertad social, se ha instituido como un instrumento paradigmático de la política, usado por igual, bajo regímenes tanto autoritarios y totalitarios, como democráticos, ya que el miedo es un instrumento ejemplar de represión tanto a nivel público como individual (Robín, 2004).
El miedo como instrumento de la política ha sido estudiado por diferentes teóricos del poder. Por ejemplo, Hobbes consideraba que la sociedad está fundada sobre el miedo y que sin miedo no habría política.[66] De hecho, Hobbes consideraba que la política es una

---

[66] Hobbes señalaba que "el miedo que disuade a los hombres de obrar mal no procede el hecho de que se establezcan castigos, sino de que se cumplan. Porque valoramos el futuro por el pasado, y rara vez

respuesta al miedo. Por su parte, Maquiavelo, en el siglo XVI, consideraba que el miedo es un determinante substancial del comportamiento del ser humano. De ahí que haya aconsejado que es más importante ser temido que ser amado.

Marco Tulio Cicerón consideraba que todo mundo se mantiene en un estado de miedo constante y que el hombre moldea su comportamiento ya sea por la ignominia, la esperanza o por el miedo. Jean Paul Sartre señalaba que el hombre es, a la vez, miedo y angustia. Finalmente, el ministro de propaganda de Hitler, Joseph Gobbels, solía decir "que muchos tienen un precio y los otros miedo," entronizando el soborno y el terror como política de persuasión nazi.

Sobre la ira, Foucault consideraba que era algo esencialmente humano. Maquiavelo aconseja, por su parte, que todo Príncipe debería cuidarse en no desbordar la ira del pueblo. Finalmente, Gabbels señalaba que en afán de lograr la persuasión era necesario apelar en algunos casos al amor, en otros al miedo, a la ira, la esperanza o a la culpa.

Ahora bien, las campañas electorales exitosas, articulan sus estrategias no sólo con base en sus propuestas, ideas y proyectos de nación, sino también tomando en consideración la movilización de las emociones (principalmente la ira y el miedo) de los electores, generadas, entre otras razones, por la alta inseguridad pública. Por un lado, miedo a perder la vida, a perder la tranquilidad, a que se pierda el patrimonio que se tiene o se atente en contra de la paz y la estabilidad social. Es decir, la estrategia electoral se centra en culpar a los opositores, ya sea de ser los causantes de la crisis de inseguridad o de ser incompetentes para solucionar este problema, por lo que se publicitan como la mejor alternativa para poder enfrentar de manera exitosa a los criminales. Por el otro, apelando a la inconformidad, molestia, frustración, enojo e ira de los electores por la situación de incertidumbre y zozobra prevaleciente.

Apelar al miedo que genera la criminalidad, es propio, aunque no exclusivo, de campañas electorales de partidos en el poder, ya que, generalmente, se dice que si llegan los opositores se correrán más riesgos o las cosas pueden empeorar. Apelar a la ira de los votantes, lo hacen generalmente, los partidos y candidatos que están en la oposición, acusando a los gobernantes de ser incapaces de solucionar el problema de la inseguridad y de enfrentar frontalmente a los criminales.

5. Hallazgos y Análisis de los Resultados

De acuerdo con los resultados de la encuesta levantada, el 68.8 por ciento de los entrevistados señaló que sí acudiría a votar el 4 de julio del 2010. El 16.5 por ciento señaló que no votaría y el 14.7 que no sabía.

Sobre las razones de su participación o no participación en las elecciones, el 18 por ciento de los entrevistados señaló que no votaría porque "los problemas de inseguridad no se resuelven con mi voto," el 6.3 contestó que "Con mi abstención mostraré mi protesta a

---

esperamos lo que rara vez suele suceder".

todos los políticos" y el 7.1 por ciento señaló que "no le interesa. Por su parte, el 3.6 por ciento contestó que no sabía y el 64.5 no contestó.

De los encuestados que señalaron que "si acudirán a votar" (68.8%), el 30.2 por ciento señaló que acudirá a votar "porque considera que con su participación puede ayudar a resolver los problemas de la inseguridad pública." Un 20.6 por ciento señaló que acudirá a votar por "deber cívico," un 4.8 por ciento "por convicción," "por apoyar a mis candidatos" contestó un 2.8 por ciento y un 9.6 por ciento "porque se identifica con las propuestas de los candidatos." Un 1.5 por ciento contestó no sabe y un 25.9 por ciento no contestó.

Sobre la pregunta de qué tomará en cuenta al momento de votar, el 10.4 por ciento señaló que "al candidato," el 6.6 por ciento "al partido," el 29.2 por ciento contestó que "las propuestas," el 22.1 por ciento señaló que tomará en cuenta "la capacidad de los políticos para resolver el problemas de inseguridad pública" y el 16.2 por ciento contestó "todas las anteriores." El 1.5 contestó que no sabía y el 25.9 por ciento no contestó.

Respecto del cuestionamiento "qué papel juega la alta inseguridad pública que sufre la ciudad en la orientación de su voto," el 58.6 por ciento señaló que "será muy importante," el 24.4 por ciento señaló que "será algo importante" y el 6.3 por ciento apuntó que "no será importante." El 4.8 por ciento señalo no saber y el 5.6 por ciento no contestó.

Respecto de la pregunta ¿Cree usted que el partido gobernante a nivel estatal y municipal (PRI) ha dado resultados en materia de seguridad pública? el 15.5% señaló que si ha dado resultados, el 72.6 por ciento contestó que no ha dado resultados, el 9.4 por ciento señaló que no sabe y sólo un 2.5 por ciento no contestó. Sobre este mismo cuestionamiento pero ahora evaluando el partido gobernante a nivel federal, el 12.2 por ciento señaló que "si ha dado resultados" y el 74.1 por ciento contestó que "no ha dado resultados." El 10.2 por ciento dijo no saber y el 2.3 por ciento no contestó.

Sobre el cuestionamiento ¿Qué partido está más capacitado para enfrentar el problema de la inseguridad pública? El 2.5 por ciento señaló que el PRD, el 12.4 por ciento contestó que el PAN, el 22.8 por ciento que el PRI y el 5.1 por ciento el Partido Verde. El 2 por ciento contestó que otros, 52.8 por ciento señaló que ninguno y el 2.3 por ciento no contestó.

Referente este mismo cuestionamiento, pero ahora preguntando sobre "el partido que considera menos capacitado para resolver el problema de la seguridad pública" el 17.8 por ciento señaló que el PRD, el 21.8 por ciento el PAN, el 11.7 por ciento el PRI y el 11.4 por ciento el Partido Verde. El 3.6 por ciento de los entrevistados señaló que otros, el 31.por que ninguno. Solo un 2.8 por ciento no contestó.

Respecto de la pregunta ¿Cuál de los candidatos tiene el mejor programa para resolver el problema de la inseguridad pública? El 1.3 por ciento señaló que el del PRD, el 17.3 el del PAN, el 22.6 por ciento el del PRI y el 6.1 por ciento el del Partido Verde. El 1.8 por ciento señaló que otros, el 48 por ciento que ninguno y el 3 por ciento no contestó.

Respecto de los responsables por la alta inseguridad pública en la ciudad de Juárez, el 6.6 por ciento señaló que son "los partidos políticos," el 31.2 por ciento apunto "los gobernantes," el 9.1 por ciento contestó "los ciudadanos," el 6.9 por ciento señaló "los delincuentes," y el 40.9 por ciento contestó que "todos los anteriores." El 2.5 por ciento no supo y el 2.8 por ciento de los entrevistados no contestó.

Referente a la pregunta ¿para orientar su voto el 4 de julio del 2010, la situación de la alta inseguridad pública que sufre la ciudad será determinante? el 47 por ciento de los entrevistados señaló estar "muy de acuerdo," el 21.8 por ciento "algo de acuerdo," el 17.8 por ciento "de acuerdo," el 4.8 señaló "en desacuerdo," el 4.8 por ciento contestó "complemente en desacuerdo" y el 3.8 por ciento no contestó.

Del estudio de campo, se desprende una alta insatisfacción de parte de la sociedad Juarense con respecto del funcionamiento de los gobiernos, las instituciones y los políticos, quienes no han podido brindar la seguridad que por ley están obligado a proporcionar a los ciudadanos. Al respecto, una abrumadora mayoría (72.6%) señaló que ni los gobernantes locales (PRI), ni los federales (74.1%) han dado resultado.

Esta alta inseguridad pública generó un costo político para todos los partidos y candidatos de la ciudad que compitieron en la elección local de julio del 2010, aunque el costo mayor no necesariamente fue para el partido gobernante a nivel estatal y local (PRI), sino para el partido que tiene la responsabilidad del gobierno federal (PAN).

Hay otro dato que contrasta con el pasado electoral de la ciudad, ya que una gran mayoría de los entrevistados señaló que acudiría a votar (68.8%). Sin embargo, en el pasado el porcentaje de participación ha sido muy reducido, ya que en la elección para diputados federales del julio del 2009 solo participaron el 26 por ciento de los electores.[67] Al parecer, esta pregunta sólo refleja una "respuesta socialmente inteligente," o "políticamente correcta," de los entrevistados, pero no lo que finalmente pasó en la elección, ya que de acuerdo a los datos del instituto Electoral del Estado de Chihuahua, sólo participaron el 32 por ciento de los ciudadanos inscritos en la lista nominal de electores.

De la misma forma, la mayoría de los entrevistados contestó que al momento de votar tomó en cuenta la propuesta (29.2%) y la capacidad de los políticos para resolver el problema de la inseguridad pública (22.1%). Sin embargo, en la realidad la identidad partidista y el tipo de candidato siempre logran ser los factores más determinantes en la orientación del voto, aunque la encuesta no lo señale.

El estudio, también, refleja la percepción mayoritaria de la sociedad de que los problemas de inseguridad pública, de cierta manera, dependen de la orientación de su voto (30.2%). Al respecto, el PRI y el PAN son los partidos que son considerados como más competentes para resolver este grave problema. Por su parte, el PRD y el Partido Verde son considerados como menos competentes para dar una solución a la crisis de inseguridad que azota a la ciudad. Sin embargo, aquí también sobresale el hecho de quela mayoría de los entrevistados (52.8%) consideró que ninguno de los partidos y sus candidatos están capacitados para enfrentar el problema de la inseguridad pública.

En este mismo sentido, la mayoría de los electores consideró que el problema de la inseguridad pública que sufre la ciudad será muy importante en la orientación de su voto (58.6%). Es decir, el problema de la seguridad pública y las estrategias para combatir la criminalidad son temas que le interesan a los ciudadanos de Juárez y que, de cierta manera, fueron determinantes para la orientación del voto de los electores.

A manera de conclusión

---

[67] Esto ha sido un fenómeno recurrente en las últimas elecciones federales.

La inseguridad pública se ha convertido en uno de los problemas más apremiantes que preocupan a los mexicanos, ya que el índice de criminalidad ha aumentado significativamente en los últimos años.[68] Por ejemplo, de acuerdo al estudio sobre Viajes y Turismo 2009 que realiza el Foro Económico Mundial, para el año 2009, México se ubicó en el sitio 126 de los 133 países en cuanto al rubro de seguridad, lo que ha generado que nuestro país se encuentre al fondo del ranking turístico mundial.

La angustia, el miedo y la ira son los efectos conductuales y emocionales más frecuentes que genera una crisis de seguridad pública, como la que se vive en ciudad Juárez y en muchas otras ciudades del mundo. En un contexto electoral, los partidos políticos y sus candidatos que sean más hábiles y astutos para movilizar esas emociones y puedan traducirlos en votos a su favor, serán los que ganarán los procesos electorales.

Es decir, el partido y los candidatos que se sean más competentes para garantizar la superación de la crisis de seguridad pública o los que sean percibidos como los más capaces para enfrentar esta grave contingencia social serán los que ganen los comicios electorales.[69] O dicho de otra forma, el partido y los candidatos que puedan movilizar el miedo o temor, así como el descontento social, el enfado e ira que genera la crisis de inseguridad pública entre los electores y pueda canalizarlos hacia la urna, convirtiéndolas en votos, serán los que triunfen en las elecciones.[70]

En este sentido, bien se puede argumentar que la inseguridad pública puede convertirse en el agente persuasivo del comportamiento electoral más importante, como pasó en ciudad Juárez, México.[71] Sin embargo, la seguridad pública, por si

---

[68] Un ejemplo paradigmático del poder de los criminales fue ilustrado en una de las revistas más prestigiadas del mundo empresarial, ya que Joaquín Guzmán Loera, alias El Chapo, entró en la lista de los hombres más ricos del mundo de la Revista FORBES, en su edición del 2009, con una fortuna estimada en mil millones de dólares. La revista lo ubica en el lugar 701 de los 793 millonarios de su lista.

[69] Generalmente, bajo un contexto de crisis de inseguridad pública y alta criminalidad, los partidos suelen plantearles algunos dilemas a los electores. Como parte de estos cuestionamientos, las preguntas más frecuentes son: ¿Con quién te sientes más seguro? ¿Quién de los partidos y candidatos contendientes te garantizan que, de ganar las elecciones, pueda resolver la grave crisis de seguridad pública de la ciudad?

[70] De la misma forma, el partido y los candidatos que sean más persuasivos para movilizar a los electores con el tema de la crisis de seguridad pública serán los que finalmente se impongan en las elecciones.

[71] La inusitada ola de violencia que se ha presentado en Ciudad Juárez, México desde enero del 2008, coloca a la inseguridad pública como el principal reclamo de los juarenses. En especial, se reclama por solucionar problemas nunca vistos antes de esa fecha como secuestros, extorsiones, incendio intencionado de negocios, robo de autos con violencia o carjacking y asesinatos en todo lugar y todo momento. En las campañas electorales, los diversos candidatos colocaron el problema de inseguridad como el principal problema, aunque también se hizo énfasis en el desempleo y en la necesidad de gestionar un desarrollo social a largo plazo. Este último tema desató fuertes reclamos al gobierno federal desde que puso en marcha el programa "Todos somos Juárez, rescatemos la ciudad", el cual fue señalado como "electorero."

misma, no genera votos ni a favor ni en contra del partido gobernante. Lo que si genera votos son las estrategias de persuasión y movilización que impulsan los partidos y sus candidatos para, aprovechándose de la crisis de seguridad pública, obtener un beneficio político electoral.

De esta forma, las elecciones se convierten en una especie de plebiscito donde los electores evalúan el desempeño del partido gobernante en turno. Si esta evacuación es positiva o mejor que lo que representa la oposición, muchos de los votos favorecerán al partido en el gobierno. Si la evaluación es negativa, muchos de los votos se irán a la oposición. De tal manera que, la mejor estrategia de un partido en el gobierno es hacer y comunicar los resultados logrados para generar la percepción entre la ciudadanía de la existencia de un buen gobierno. Al contrario, la mejor estrategia de un partido en la oposición, es mostrar que no hay un buen gobierno y, en consecuencia, se requiere un cambio en el partido gobernante.

En el caso de Ciudad Juárez, el partido que ganó la elección fue el más competente para convertir en votos las emociones, sentimientos, temores y esperanzas de los ciudadanos que en los últimos años han sufrido los embates de una alta inseguridad pública. Los resultados de las elecciones federales del 2009 y las locales del 2010 muestran que a pesar de la alta inseguridad pública el partido gobernante (PRI) resultó victorioso, ya que obtuvo el 51.67 por ciento de los votos contra el 38.53 por ciento por parte del PAN. [72] De esto se concluye que, la crisis de seguridad por sí misma no genera votos para la oposición o para los partidos gobernantes, lo que genera votos son las estrategias (principalmente de comunicación) que utilizan los partidos y sus candidatos para, aprovechando el miedo o temor que genera la alta criminalidad, así como el malestar social producto de la inseguridad, movilizan las emociones de los votantes para ganar elecciones.

En este sentido, este mismos caso, muestra que la inseguridad pública por si misma no generó más votos para los opositores, sino que las estrategias y acciones que realizaron los partidos y sus candidatos, así como el tipo de campañas impulsadas con el objetivo central de convertir la crisis de inseguridad en votos, el miedo en sufragios y el problema en oportunidad fue lo determinante para el triunfo electoral.

---

[72] En la elección para diputados federales del 2009, el PRI logró ganar en ocho de nueve distritos y el PAN ganó solo en uno, a pesar del problema de la inseguridad pública que existía también en esas fechas. En el 2007, en ciudad Juárez el PRI ganó con una ventaja de cerca de 40 mil votos a su más cercano competidor (PAN).

Bibliografía

BARTELS, L. M. (1988). *Presidential primaries and the dynamics of public choice*, Princeton, NJ: Princeton University Press.

BUTLER, D & Kavanagh D. (1997). *The British General Election of 1997*, Londres: Macmillan.

CAMPBELL, J. E. & Cherry L. L. & Wink K. A. (1992)." The Convention Bump" en *American Politics Quarterly*, vol. 20, págs. 287-307.

COOPER, E. M.& Jahoda (1947) *"The evasion of propaganda: How prejudiced people respond to anti prejudiced propaganda"*, en the Journal of Psychology, Vol. 23, pp. 15-25.

DOWNS, A. (1957). *Teoría económica de la democracia,* Madrid: Aguilar.

ENELOW, J. & Hinich M. J. (1984). The Spatial Theory of Voting: An Introduction, Cambridge: Cambridge University Press.

FAN, D. (1988). *Predictions of Public Opinion From the Mass Media*, Nueva York: Greenwood.

FERNANDEZ, L. & Aguilera A. (2002). *Violencia y elecciones en Santander*. Recuperado el 03 de mayo del 2010 de http://editorial.unab.edu.co

FESTINGER, L. (1957). *A theory of cognitive dissonance*, Stanford, CA: Stanford University Press.

GEER, J. G. (1988). " The Effects of Presidential Debates on The Electorate's Preferences for Candidates", en *American Politics Quarterly*, vol. 16 pags. 486-501.

GRABER, D. A. (1980). Mass media and American politics, Washington, DC: *Congressional Quarterly Press*.

HEATH, A. & Jowell, R. & Curtice, J. & Witherspoon S. (1991). *Understanding Political Change: the British voter 1964-1987*, Oxford: Pergamon.

HOBBES, T. (1987). *Del Ciudadano y Leviatán*. Estudio preliminar y antología de Enrique Tierno Galván. Traducción de Enrique Tierno Galván y M. Sánchez Sarto. Madrid: Editorial Tecnos.

IYENGAR, S. & Peters, M. & Kinder, D. (1982). " Experimental demonstration of the not-so-minimal, consequences of television news programs, en *American Political Science Review*, vol. 76, págs. 848-858.

KAPPLER, J. (1960). *The Effects of Mass Communication*, Glencoe, IL, Free Press.

KREPS, D. M. (1990). *A Course in Microeconomic Theory*, NJ: Princeton University Press.

LAZARFELD, P. F. & Berelson B. & Gaudet H. (1944). *The people's Choice: How the Voter Makes Up His Mind in a Presidential Campaign*, New York: Columbia University Press.

LOHR, S.(2000). *Muestreo: Diseño y Análisis.* México D. F. International Thomson Editores, S. A. de C.V.

McCOMBS, M. & Shaw L.D. (1972). "The agenda-setting function of the mass media," en *Public Opinion Quaterly*, vol. 36, pp. 176-187.

MENDELSON, P. F. & O´Keefe G. J. (1976). *The people choose a President*, New York: Praeger.

NOÉLLE-NEUMAN, E. (1983). " The effects of media on media effects research", en *Journal of Communication*, vol. 33, págs. 157-165.

NORRIS, P. & Curtice, J. & Sanders D. & Scammell, M. & Semetko H.A. (1999) . On Message. *Communicating the ampaign.* Beverly Hills: Sage.

PATTERSON, T. (1980). *The Mass Media Election*, New York: Praeger.

ROBIN, C. (2004), Fear: the history of a political idea. New York: Oxford University Press.

SARTRE, J. (1978). La Trascendencia del Ego. Editorial, Síntesis. Colombia.

SÁNCHEZ, S. J. (2006). "Calderón Entrampado," periódico *Mural*, Guadalajara, Jalisco, 4 de febrero del 2006, p. 7.

SANDERS, D. (1997), "Voting and the Electorate," en P. Dunleavy, A. Gamble, I. Holiday y G. Peele, (eds). Developments in British Politics 5, Londres: Macmillan.

SANDOVAL, L. E. (2008). Detrminantes del comportamiento electoral de los municipios colombianos en zonas de conflicto interno durante 1997-2006. Recuperado el 24 de marzo de la pagina http://www.rlcu.org.ar

SCHEAFFER, R. & Mendenhall, W. & Ott, L.(1987). *Elementos de Muestreo.* México, D.F. Grupo editorial Iberoamérica, S.A. de C.V.

Campañas Electorales Bajo el Contexto de una Emergencia Epidemiológica:

El Caso Mexicano a Partir de la Contingencia de la "Influenza A H1N1"

1. Introducción

A raíz de la contingencia epidemiológica, declarada a fines del mes de abril del 2009 por la Organización Mundial de la Salud (OMS) y por el gobierno de México, generada por la aparición y diseminación entre la población del nuevo virus de influenza humana A H1N1, también denominada "influenza porcina," se generó un cambio en la forma como se realizaban las campañas electorales en México.

Este cambio no sólo incluyó la incorporación de la salud como tema importante dentro de la agenda programática de las campañas, sino también transformaciones en la forma como se relacionan y comunican los partidos políticos y sus candidatos (sus equipos de campaña) con los electores.

El establecimiento de contingencias epidemiológicas en un contexto electoral bajo sistemas de impronta democrática, no ha sido recurrente en la historia de la humanidad, más bien ha sido la excepción. Sin embargo, es muy posible que, a futuro, este tipo de acontecimientos se presenten de manera más frecuente, por lo que los partidos y sus candidatos en el orbe deben conocer la experiencia mexicana, para abrevar de ella y tratar de ser exitosos en sus acciones proselitistas en un posible contexto de emergencia sanitaria.[73]

En este escrito, se recupera la experiencia azteca, ya que la emergencia epidemiológica para tratar de controlar el virus de la "influenza porcina" se presentó casi a principios del inicio de las campañas electorales[74] para renovar la totalidad de la cámara de diputados federal,[75] así como, para elegir a los gobernadores de seis estados,[76]

---

[73] Por ejemplo, Earl G. Brown comenta que en el futuro el ser humano se verá afectado de manera más frecuente por peligrosas enfermedades pandémicas, como fue el caso de la gripe aviar (H5N1) proveniente, principalmente de los animales (véase "Instantáneas del futuro en relación con las enfermedades infecciosas: como vivir en un mundo con antiguos azotes, en Mike Wallance, *50 años en el futuro: una mirada a nuestro mundo*, Editorial Grupo Nelson, Estados Unidos, 2008, pp. 200 -2007).

[74] La contingencia epidemiológica se estableció a partir del 24 de abril y de acuerdo al Código Federal de Instituciones y Procedimientos Electorales (COFIPE) las campañas federales iniciaron el 3 de mayo del 2009. Es decir, a sólo semana y media del inicio de las campañas.

620 alcaldes y 469 diputados locales en 11 diferentes entidades federativas.[77]

En este último anexo, se describen, además, no sólo las acciones proselitistas y de persuasión que realizaron los diferentes partidos y sus candidatos en México, sino también una serie de acciones y estrategias que, bajo las circunstancias y realidades propias que presenta cada país, se recomiendan impulsar durante las campañas "atípicas" en otras latitudes en contextos de emergencias epidemiológicas para tratar de ser exitosos en este tipo de esfuerzos proselitistas.

2. Las campañas "atípicas"

Existen diferentes tipos de campañas electorales. Hay campañas realizadas bajo circunstancias de normalidad y aquellas realizadas bajo circunstancias especiales. Las primeras son las denominadas campañas "tradicionales" y las segundas, campañas "atípicas."

Una campaña electoral "tradicional" es un proceso político intenso, propio de los sistemas democráticos, que realizan diferentes partidos y candidatos con el fin, por un lado, de ganar el voto de los ciudadanos para poder acceder a un puesto de representación popular y, por el otro, para evitar que la competencia gane las elecciones.[78] Es decir, toda campaña implica el establecimiento de dos grandes frentes: el de atracción de sufragios para la causa propia y el rechazo de votos para los adversarios. Esto es, toda campaña implica dar razones (y mover emociones) para que los electores voten por una alternativa y no lo hagan por los opositores.[79]

Toda campaña implica, también el conocer a profundidad al elector, conocer el terreno sobre el que se desarrolla la elección y conocer a los adversarios, así como, diseñar e implementar una serie de estrategias de comunicación, proselitismo, organización, movilización y cuidado y

---

[75] La cámara de diputados está integrada por 500 legisladores, que se eligen cada tres años bajo dos principios. 300 de ellos son electos bajo el principio de mayoría en igual número de distritos uninominales y los 200 restantes bajo el principio de representación proporcional en 5 circunscripciones electorales.

[76] Las entidades federativas que tienen programadas elecciones para gobernador en julio del 2009 son Campeche, Colima, Nuevo León, Sonora, San Luis Potosí y Querétaro.

[77] Solamente los estados de Coahuila y Tabasco tienen programadas sus elecciones para el 27 de septiembre y el 18 de octubre, respectivamente. En el primer estado se elegirán 38 alcaldías y en el segundo 17 alcaldías y 35 diputados locales.

[78] Véase Valdez Zepeda, Andrés (2009). *Reglas de Oro de la Estrategia Electoral: Dardos Letales para Derrotar a la Competencia*, México, ACACIA.

[79] Véase Valdez Zepeda, Andrés, *Campañas Electorales Inteligentes*, Universidad de Guadalajara, México, 2004.

defensa del voto para tratar de construir mayorías electorales estables, que es el sustento de todo sistema democrático moderno.[80]

Las campañas "atípicas", por su parte, son aquellas que cubren conceptualmente con lo señalado anteriormente, pero que además se realizan bajo circunstancias especiales, como puede ser la presentación de una severa crisis epidemiológica que motiva la observancia de ciertos protocolos y cuidados específicos para realizar el proselitismo electoral. Este tipo de campañas, reclaman un nivel mayor de creatividad, cuidado e inteligencia por parte de sus impulsores, ya que presentan, en lo general, un mayor nivel de complejidad.[81]

En este caso, las campañas realizadas en México se pueden tipificar como "atípicas," ya que se desarrollaran bajo un contexto de emergencia epidemiológica sin precedente en la historia del país, lo que ocasionó transformaciones, al menos en su comienzo, en las formas y los medios para tratar, por parte de los partidos y los candidatos, de obtener el voto mayoritario de los ciudadanos.

En lo particular, la singularidad de las campañas mexicanas se dio no sólo por la contingencia pandémica presente al inicio de las mismas, sino también porque las elecciones se realizaron bajo una nueva legislación electoral y en un contexto de crisis económica.[82]

3. El protocolo sanitario

Un protocolo sanitario es el conjunto de medidas preventivas y de atención que los miembros de una determinada comunidad deben observar para evitar el contagio y diseminación de una determinada enfermedad. Los protocolos sanitarios buscan preservar la salud como un bien público, por lo que son de carácter obligatorio y su violación puede ser sancionada.

Ante la declaración de emergencia, los partidos políticos y sus candidatos deben observar el protocolo sanitario que las autoridades de

---

[80] Véase Valdez Zepeda, Andrés (2006). El arte de ganar elecciones, México, Edt. Trillas.

[81] Bajo situaciones de contingencia, los votantes pudieran ver como una acción irresponsable el que un partido y sus candidatos impulsen acciones proselitistas que pueden poner en riesgo la salud de la sociedad. Por ello, es muy pertinente no sólo acatar las indicaciones que las autoridades de salud señalan para la realización de eventos de campaña, sino también hacer una gestión adecuada de las acciones proselitistas, evitando generar entre los votantes mayor desconfianza y temor de ser contagiados por los promotores del voto y su propaganda.

[82] Además, las elecciones se desarrollan bajo un contexto de desconfianza generalizada de los ciudadanos sobre los partidos políticos y sus candidatos, así como por la existencia de altos niveles de inseguridad pública y criminalidad.

salud y electorales, según sea el caso, emiten para evitar los contagios y la propagación de la enfermedad, impulsando campañas que eviten el contacto directo entre los promotores del voto y los ciudadanos.[83] Para el caso de México, el protocolo sanitario para las campañas electorales que emitió la Secretaria de Salud del gobierno federal estuvo vigente desde el 3 al 15 de mayo del 2009 y señalaba, entre otras, las siguientes obligaciones y recomendaciones.

Primero, evitar la realización de actos multitudinarios para impedir el posible contagio y propagación de la enfermedad. Es decir, recomendaba evitar la realización de mítines y concentraciones públicas, tanto en la vía pública como en lugares cerrados.

Segundo, evitar la agregación de más de cuatro personas en un espacio de diez metros cuadrados y entre persona a persona debe existir, al menos, dos metros y medio de distancia.

Tercero, las reuniones de trabajo de los partidos se deben realizan entre las 10 y las 15 horas, en lugares abiertos y con la protección necesaria según el protocolo general de protección sanitaria.

Cuarto, los candidatos ni sus apoyadores deben saludar de mano o besar a los electores, para evitar la posible propagación del virus. Se recomienda, también, usar cubre-bocas, lavarse continuamente las manos y evitar que personas con alguno de los síntomas de la influenza participen en actividades de campaña, especialmente aquellas que impliquen un alto riesgo de contagio para individuos o grupos.

Quinto, en los actos públicos evitar el uso de la corbata, ya que esta prenda puede ser un reservorio de gérmenes.

Sexto, antes de repartir cualesquier objeto de propaganda electoral (trípticos, dípticos, volantes o periódicos) o algún objeto utilitario, es necesario asegurarse de que hayan sido previamente sanitizados para evitar se conviertan en un medio de contagio.

Finalmente, el protocolo recomienda utilizar, bajo estrictos cuidados, los micrófonos y otros objetos (como banderines), que pueden convertirse en medios de contagio, evitando el uso de los mismos por varias personas, sin estar debidamente desinfectados.

[83] Véase, ESTABLECER PROTOCOLO SANITARIO PARA CAMPAÑAS POLÍTICAS: DIÓDORO CARRASCO ALTAMIRANO en http://www.teledicion.com.mx/artman2/publish/comunicacion_diputados/ESTABLECER_PROTOCOL O_SANITARIO_PARA_CAMPA_AS_POL_TICAS_DI_DORO_CARRASCO_ALTAMIRANO.shtml.

En suma, el protocolo sanitario para campañas electorales impuso varias restricciones que modificaron la forma de hacer e impulsar el proselitismo electoral, restringiendo la realización de eventos masivos y limitando, también, las actividades que impliquen el contacto directo con los electores.

4. Restricciones a las visitas domiciliarias

Como se ha apuntado anteriormente, durante las campañas "atípicas," se realizan diferentes cambios en las acciones de proselitismo electoral. Uno de ellos, tiene que ver con las visitas domiciliarias, en la que el candidato, su equipo de campaña y/o sus simpatizantes tradicionalmente visitan a los electores en sus hogares o centros de trabajo, con el fin de persuadirlos y obtener su voto. Sin embargo, bajo un contexto de emergencia epidemiológica, las visitas domiciliarias como acciones cotidianas del proselitismo electoral sufren diversas limitaciones.

Cuando se aprobó la reforma constitucional en materia electoral (a fines del 2007) y el nuevo COFIPE (a principios del 2008), se creyó que las campañas electorales mediáticas cambiarían para dar lugar a campañas electorales de "contacto con la gente," ya que la nueva legislación prohibía a los candidatos y sus partidos, así como, a los particulares la compra de spots publicitarios para ser transmitidos en radio y televisión. Sin embargo, la contingencia epidemiológica cambió la circunstancia, ya que no sólo por cuestiones de salud, sino también de sensibilidad política, los partidos y sus candidatos tuvieron que ser más cuidadosos y evitar en lo posible, durante el tiempo de la contingencia las visitas domiciliarias.

De acuerdo a los lineamientos sanitarios para las campañas electorales, se debería evitar las charlas entre dos o más personas a menos de 2.5 metros, por lo que las visitas domiciliarias de los candidatos y sus equipos de campaña no se deberían realizar, sino hasta que pasara la contingencia.

La suspensión de las visitas domiciliarias tendría razón, también, debido al estado de alarma y desconfianza que la propia epidemia, y el tratamiento mediático que ésta tuvo, había generado entre amplios sectores de la población. De hecho, el "temor" a estar en contacto con los mexicanos y poder contagiarse con el virus de la influenza no sólo se dio en el extranjero, sino al interior del propio país, principalmente con los ciudadanos que habitan las entidades federativas que habían presentado el mayor número de decesos, como fueron el Distrito Federal y el Estado de México. Sin embargo, el temor al contagio fue más allá de evitar el contacto con personas provenientes del valle de México, para generalizarse entre población como un temor a estar en contacto con cualquier desconocido, en la que, por supuesto, se incluían, los promotores de las campañas electorales.

En este sentido, no sólo para acatar un protocolo sanitario sino para evitar que en lugar de sufragios se generara un rechazo de la población a los promotores del voto (al considéralos un posible medio de contagio), la gran mayoría de los partidos decidió posponer la realización de visitas domiciliarias hasta que pasará la contingencia. Solo algunos partidos, como Convergencia y el Partido Acción Nacional (PAN) decidieron, como actos de campaña, repartir entre la población cubre bocas e "información preventiva" sobre la influenza.

De esta forma, las campañas electorales volvieron a tomar un perfil mediático, usando no sólo la televisión y la radio como medios privilegiados para hacer campaña a través de los spots que les corresponde (según la nueva normatividad electoral), sino también generalizando el uso de las nuevas tecnologías de la información y las comunicaciones como medio para tratar de persuadir a los votantes. Fue así como se popularizó el uso, ya no sólo de las páginas web y el correo electrónico tradicional, sino también del Youtube, Facebook, MySpace, Hi5 y el Messenger como medios para hacer campaña política.

5. La movilización de emociones

Todo hecho trágico, como lo es una epidemia, genera una serie de emociones entre la población afectada (o que se percibe amenazada), la cual es, comúnmente, estudiada a profundidad por los diferentes partidos políticos y sus estrategas para tratar de obtener una ventaja política. De hecho, el partido que sabe movilizar las emociones humanas que genera la contingencia y los puede convertir en votos es el partido que, generalmente, gana las elecciones. Es decir, toda contingencia genera emociones y quien es más hábil y astuto para convertir dichas emociones en votos seguramente gana la elección.

Las emociones y efectos que genera una contingencia epidemiológica son básicamente cinco. Por un lado, crea temor o miedo entre la población a ser afectado por la enfermedad, creando una especie de psicosis o paranoia social. Segundo, genera también cierto malestar o enojo entre aquellos que se ven perjudicados directamente o amenazados sus interés por la contingencia, ya que toda emergencia epidemiológica afecta la economía de una nación. Tercero, crea incertidumbre, desconfianza y, muchas veces, impotencia entre la gente. Cuarto, genera incredulidad y dudas en una parte de la población. Finalmente, genera también, una mayor atención e interés por parte de los ciudadanos a lo que se publicita en los medios de comunicación por parte de los gobernantes.

Generalmente, durante una contingencia epidemiológica se rompe, también, con la cotidianidad de la vida humana, aplicándose medidas tendientes al confinamiento o aislamiento de las personas, tratando de evitar las aglomeraciones. Por ejemplo, para el caso de México se suspendieron por semana y media las clases en todo el sistema educativo del país,[84] se cerraron restaurantes y bares y se suspendieron diferentes actos masivos en el área de los deportes y los espectáculos, entre otras cosas. Este tipo de medidas, generaron entre un amplio sector de la población aburrimiento, fastidio, mayor estrés y, en general, un estado de ánimo negativo, amen de las pérdidas económicas en sectores como el turismo, la porcicultura y la industria del espectáculo, entre otras.[85]

El estado emocional afecta la conducta de los electores. Sin embargo, el resultado no se da en automático. Si los opositores son capaces de convertir, a través de sus campañas, el estado emocional negativo de los electores (como la ira) en votos, ganarán las elecciones. Por el contrario, si el partido gobernante es capaz de movilizar a su favor las emociones de la gente (como el miedo), seguramente continuará en el poder. Todo esto depende de la estrategia que use, ya que las campañas electorales se ganan o se pierden a nivel estratégico y táctico. Es decir, la estrategia determina, en gran medida, el resultado de la elección.[86]

---

[84] En algunos estados, como Jalisco, la suspensión de clases fue de tres semanas.

[85] De acuerdo a la Secretaría de Hacienda, el costo de la epidemia sería para México de entre 0.3 y 0.5 del producto interno bruto, lo que representa entre 3 mil y 5 mil millones de dólares. Una reciente proyección de Ixe, subió la estimación a 0.69 y otros mayores al 1 por ciento del PIB. El secretario de turismo de México advirtió de una caída en el turismo que para el 2009 será de 13 mil a 8 mil millones de dólares. La industria hotelera despedirá en este mismo año a 100 mil trabajadores. (MILENIO 5/05/09).

[86] Véase Valdez Zepeda, Andrés, *Estrategia Total en campañas electorales: estudios de casos exitosos*, México: Editorial reforma y Utopía, 2008.

6. Las estrategias publicitarias de las campañas: Héroes o Villanos

Toda democracia electoral supone la existencia de una pluralidad, tanto social como política, en la que dos o más partidos y candidatos se disputan las preferencias de los ciudadanos para acceder o conservar a los espacios de representación pública. Es la disputa por el poder, en la que los contendientes tratan de dar razones poderosas (y movilizan emociones) a los electores del por qué deben votar por ellos y no por sus adversario. Es decir, se impone un modelo bipolar de campaña representado, por un lado, por el partido gobernante, quien impulsa generalmente la continuidad y, por el otro, por los opositores quienes promueven el cambio.

Los partidos que promueven la continuidad se presentan ante el electorado como titanes, como aquellos que postulan candidatos que han logrado sortear las dificultades y los problemas de manera "eficiente, oportuna y responsable," que han "evitado las calamidades" y han sabido gobernar por el bien de la gente. Por su parte, los partidos que promueven el cambio, culpan de las calamidades y problemas a los gobernantes en turno, los acusan de causar los problemas y la crisis o de ser corresponsables de los mismos y, sobre todo, los estigmatizan como incompetentes para gobernar.

Bajo un contexto de emergencia epidemiológica, este modelo cobra especial vigencia, ya que el partido gobernante o las autoridades que de él emanan se publicita durante las contiendas electorales como la figura principal, como el protagonista primordial que gracias a su "visión, carácter y decisiones acertadas y oportunas" logró superar la emergencia y salvar no sólo al país, sino incluso a la humanidad de la catástrofe y el desastre.

Es decir, las estrategias que usan los partidos y candidatos en un contexto de alerta epidemiológica giran entre dos grandes polos opuestos. Por un lado, están las estrategias de comunicación que tratan de asociar al gobierno en turno y su partido con la responsabilidad, el heroísmo y la competencia, dibujando a los gobernantes como héroes, como personajes con la capacidad para enfrentar la complejidad y los retos que implican un estado de emergencia, y, sobre todo, como aquellos que logran salvaguardar a la población y a sus valores principales de los ciudadanos.

Al respecto, el propio presidente Felipe Calderón manifestó lo siguiente en un mensaje transmitido en cadena nacional "Hemos defendido a la humanidad del virus de la influenza humana al actuar con firmeza ante la nueva enfermedad, pues en el pasado padecimientos desconocidos han dejado millones de muertos. Hemos actuado firmemente. Hemos hecho lo correcto, porque hicimos lo que teníamos que hacer para atender y curar a todas las personas que contrajeran este virus y, al mismo tiempo, para frenar al máximo su propagación. Y porque hemos hecho lo correcto, nuestra estrategia está funcionando. El número de defunciones registrado ha disminuido notablemente y también el número de casos de personas contagiadas con este virus se ha reducido. [87]

Llaman, en consecuencia, a votar por la continuidad, ya que, según dicen, por un lado, que un cambio político en un contexto de crisis epidemiológica, puede resultar más contraproducente para la gente y empeorar la situación de emergencia. Por el otro, se aduce que gracias a la intervención acertada, oportuna y responsable del gobierno se evitó la catástrofe y la calamidad.[88]

Por el otro lado, están las estrategias que asocian al gobierno en turno con la incompetencia, la irresponsabilidad y la mala gestión de la contingencia. Dibujan a los gobernantes como villanos, quienes generaron por su incompetencia el mal o lo empeoraron.[89] De esta forma, los partidos y candidatos opositores acusan al gobierno en turno y a su partido de ocultar datos, actuar tardíamente, manipular las cifras y, en general, de asociarlos con la incompetencia para gobernar.

Por ejemplo, Javier González Garza, Juan Guerra Ochoa y Samuel Aguilar acusaron a Felipe Calderón de "tratar de medrar políticamente con la emergencia de salud pública" y calificaron de "vergüenza y tristeza que no se haya presentado una autocrítica por la dependencia

---

[87] Mayolo López, Defiende estrategia Sanitaria, Mural, Guadalajara, Jalisco, Sección Nacional, 5 de mayo del 2009, p. 3.

[88] En este mismo sentido, el presidente Calderón agregó "Esta contingencia ha representado un desafío de magnitud inédita ante el cual nuestro sistema de salud ha respondido y ha funcionado adecuadamente. En la primera línea de defensa, en el primer campo de batalla contra este nuevo mal para la humanidad, han estado los hospitales, médicos y enfermeras. Por eso mi mayor reconocimiento a ellos, a quienes han trabajado en el sector salud que con su actitud valiente han salvado muchísimas vidas. El frente de batalla ha sido México y aquí hemos defendido a toda la humanidad de la propagación de este virus" (Mayolo López, Elogia FCH la Lucha Sanitaria, Mural, Guadalajara, Jalisco, sección nacional, 6 de mayo del 2009, p. 2).

[89] De acuerdo a los opositores del gobierno, la Secretaría de Salud sobredimensionó la peligrosidad del virus, alarmaron y atemorizaron a la población, además de manipular a su antojo las cifras sobre los contagiados y los decesos. La mala gestión de esta crisis generó pérdidas económicas de entre los 30 mil y los 100 mil millones de pesos y la perdida entre 40 y 45 mil empleos.

tecnológica de México, donde las vacunas son insuficientes y los laboratorios más."

Llaman, en consecuencia, a votar por el cambio, ya que, según aducen, solamente a través del cambio del partido en el gobierno, las cosas pueden mejorar y así salir de la grave situación en la que han caído.

Por otro lado, según la evolución de las preferencias electorales y el beneficio político que se obtiene, es común, también, que tanto candidatos y partidos gobernante como de oposición, según sea el caso, llamen a no utilizar oportunistamente la contingencia para lucrar políticamente, ya que, según señalan "con la muerte no se lucra, ni tampoco con el miedo y la ansiedad de la gente."[90] Sin embargo, ellos mismos lucran políticamente con la misma contingencia.

En suma, las campañas electorales bajo un contexto de alerta epidemiológica, se rigen por una dicotomía publicitaria, impulsada por los diferentes partidos políticos participantes: por un lado, se presentan como héroes o titanes y, por el otro, dibujar a los adversarios como villanos o incompetentes.

7. La gestión de la emergencia

Es común que los diferentes partidos y sus candidatos busquen utilizar la emergencia epidemiológica para obtener un beneficio político-electoral.[91] De ahí que la adecuada o inadecuada gestión de la emergencia, según sea el caso, sea también un tema de debate central de la campaña electoral.

Para el caso de México, el gobierno federal trató insistentemente de lograr la aprobación de la sociedad por el manejo de la crisis epidemiológica, impulsando sendas campañas en medios de comunicación, donde se reconocía la "actitud positiva de la gente" y se les agradecía por el "empeño y esfuerzo colectivo realizado para salir de la contingencia." Por su parte, la oposición denunció no sólo el manejo inadecuado y erróneo de la información (que generó pánico y más desconfianza hacia las instituciones gubernamentales entre la propia población), sino también por haber maximizado los riesgos y peligros,

---

[90] Por ejemplo, el periodista Sergio Sarmiento señaló que resulta imperdonable que los partidos busquen votos aprovechando la tragedia humana (El Enemigo, Periódico Mural, Guadalajara, Jalisco, Sección Nacional, 28 de abril del 2009, p. 8).

[91] Según algunos intelectuales, como Sergio Sarmiento, ésto no sólo es legal, sino también legítimo en una sociedad democrática el usar este tipo de acontecimientos como parte de las estrategias de campaña, ya que el ciudadano debe evaluar en libertad y de manera informada si conviene o no la continuidad o el cambio del partido en el gobierno.

generando un daño no sólo a la imagen del país, sino también a su economía.

Al final, una vez que se "regresó a la normalidad," los saldos de la gestión de la crisis pudieron ser evaluados en su magnitud. Por un lado, por ejemplo, de acuerdo a algunas mediciones sobre el desempeño del gobierno federal, el presidente Felipe Calderón obtuvo el mayor puntaje de aprobación en el desempeño (69%) en las evaluaciones realizadas por la población y que realiza de manera periódica el periódico Reforma.[92] Por el otro, de acuerdo a la empresa demoscópica Consulta Mitofsky,[93] la preferencia electoral para los partidos era de la siguiente manera: 31.4 para el Partido Revolucionario Institucional (PRI), 26.2 para el Partido Acción Nacional (PAN) y para el Partido de la Revolución Democrática (PRD) un 14.8 por ciento. Es decir, tanto el presidente como su partido obtuvieron una ventaja político-electoral ante la presentación de este tipo de contingencias, ya que en marzo del 2009, el PAN sólo tenía una preferencia en el 21 por ciento de la población. Por su parte, el presidente Calderón tenía, para esa misma fecha, un índice de aprobación del 61 por ciento.

En fin, la adecuada o inadecuada gestión de la contingencia puede generar una serie de ventajas competitivas, ya sea para el partido gobernante o para los partidos de oposición, las cuales pueden ser determinante para definir el resultado final de la elección.

8. La plataforma electoral

No sólo las estrategias de campañas, sino también las plataformas electorales de los diferentes partidos sufren modificaciones ante la presencia de contingencias epidemiológicas. Tal fue el caso de las campañas del 2009 en México, en la que la gran mayoría de las plataformas electorales registradas ante los organismos competentes sólo contemplaban a la salud de manera marginal o genérica. Sin embargo, al presentarse la alerta sanitaria, el tema de la salud empezó a posicionarse como tópico central de las campañas.

De esta forma, los diferentes partidos y candidatos empezaron, desde el inicio de las campañas (el 3 de mayo), a utilizar la influenza como parte de su discurso proselitista. Algunos, por ejemplo, como el candidato del PAN a la presidencia municipal de Guadalajara, Jorge Salinas, publicó el 4 de mayo en los diarios locales un desplegado en el que señalaba que lo que importaba era "la salud de tu familia y la de los tapatíos," por lo

---

[92] www.reforma.com.mx, fecha de consulta, 2 de junio del 2009.
[93] www.consulta.com.mx, fecha de consulta, 3 de junio del 2009.

que no se deberían realizar actos masivos de campaña "hasta que las autoridades informen que la contingencia ha desaparecido."

Otros partidos también repartieron en las calles y cruceros de la ciudad de Guadalajara "volantes informativos" sobre medidas preventivas en contra de la enfermedad, mientras que otros, como el Partido Convergencia repartieron cubre-bocas entre las personas que pasaban por la glorieta La Minerva de Guadalajara[94] o que asistían a plazas comerciales. La candidata del Partido Revolucionario Institucional (PRI) en la ciudad de León Guanajuato, Bárbara Botello, durante un "mitin" que congregó casi doscientas personas en el Arco de la Calzada utilizó un cubre bocas con la leyenda "Bárbara en boca de todos." [95]

9. Comentarios finales

La declaración de una emergencia sanitaria genera cambios en la forma como se realizan tradicionalmente las campañas electorales. De ejercicios rutinarios, propios de los sistemas políticos de cuño democrático, en las que impera no sólo la publicidad mediática sino también el contacto y comunicación directa de los candidatos y sus apoyadores con los electores, las campañas electorales (en contextos de emergencia epidemiológica) pasan a convertirse en procesos restringidos y atípicos, mismos que deben sujetarse a un estricto protocolo sanitario.

Con el fin de evitar los contagios, se prohíben las concentraciones y aglomeraciones humanas, se vetan los mítines y se imponen fuertes restricciones a los recorridos, las visitas domiciliarias y el volanteo, como instrumentos centrales de proselitismo político electoral de los partidos y sus candidatos.[96]

En el caso de México, la emergencia desatada por la gripe A H1N1 obligó a "cambiar el continente y el contenido" de las campañas electorales. Por casi tres semanas, las campañas políticas cambiaron su protocolo tradicional. Los mítines y grandes concentraciones públicas, que marcaba antaño su inicio, fueron suspendidos. En su lugar, se organizaron eventos inaugurales discretos, ruedas de prensa, ciber

---

[94] Un vistazo, Reparten Cubre bocas hasta a La Minerva, Mural, Guadalajara, Jalisco, sección comunidad, 4 de mayo del 2009, p. 3.

[95] Desestiman lineamientos, periódico Mural, Guadalajara, Jalisco, sección nacional, 4 de mayo del 2009, p. 9.

[96] René Delgado, La Vacuidad Electoral, Mural, Guadalajara, Jalisco, Sección Nacional, 2 de mayo del 2009, p. 6.

conferencias, mítines digitales y acciones reservadas en la vía pública en las que participaron sólo los candidatos y pequeños grupos de simpatizantes. Las visitas domiciliarias, las caravanas de automóviles, el reparto de propaganda en calles y avenidas fue sustituida por el reparto de "boletines informativos" sobre la nueva enfermedad que contenía también publicidad política y los objetos utilitarios fueron desplazados por los cubre bocas y mascarillas para "proteger" a los ciudadanos del posible contagio.

Este cambio no sólo incluyó la incorporación de la salud como tema importante dentro de la agenda de las campañas, sino también transformaciones en la forma como se relacionan y comunican los partidos políticos y sus candidatos (incluyendo sus equipos de campaña) con los electores. En lo particular, las concentraciones masivas, los mítines, las visitas domiciliarias para la promoción del voto y la distribución de volantes, experimentaron cambios importantes, según los recomienda el protocolo sanitario para campañas emitido por la Secretaría de Salud. Sin embargo, el cambio más importante que se observó tuvo que ver con la estrategia de campaña utilizada por los diferentes partidos y candidatos con el fin de obtener un beneficio electoral de la contingencia.

Toda democracia implica la realización de elecciones libres de manera recurrente para elegir a los gobernantes. Durante estas elecciones, los partidos y sus candidatos impulsan sus campañas electorales para tratar de persuadir y ganarse el voto de los ciudadanos. Ante la presentación de una contingencia epidemiológica (en un contexto electoral), las campañas tienen que continuar adelante, por lo que los partidos y sus candidatos deben estar preparados para impulsar campañas electorales exitosas bajo condiciones "atípicas." Al final, el partido y los candidatos que sean más competentes para adecuarse a las nuevas circunstancias serán, sin duda, los que ganen los comicios electorales.

Acerca de los autores

- **Andrés Valdez Zepeda.** Maestro en administración pública y doctor en estudios latinoamericanos con especialidad en ciencia política por la Universidad de Nuevo México. (USA). Autor de los libros 1) Campañas electorales inteligentes, 2) La guerra sucia en las campañas electorales, 3) El arte de ganar elecciones 4) Campañas Electorales Lúdicas y 5) Estrategias para campañas electorales: estudio de casos exitosos. Miembro del Sistema

Nacional de Investigadores del CONACYT. Actualmente se desempeña como catedrático del CUCEA de la Universidad de Guadalajara. azepeda@cucea.udg.mx

- **Delia Amparo Huerta Franco.** Maestra en admnistración de la educación por la Universidad de Nuevo Mexico (USA) y profesora investigadora en la Universidad de guadalajara, (México).